発掘！弥生時代の巨大遺跡

邪馬台国はどんな国だったのか？
卑弥呼とそこに暮らす人々は
どんな生活をしていたのか？
邪馬台国の
すがたを思わせる、
三つの遺跡を
クローズアップ。

纒向遺跡全景
木製仮面（纒向遺跡出土）
（写真提供：桜井市教育委員会）

纏《まき》向《むく》遺跡
（奈良県桜井市）

平成21年（2009）に発掘された3世紀前半の大型建物跡。
東西約12.4メートル、南北約19.2メートルで、国内最大級。

三輪山西側に広がる三〜四世紀の大規模集落遺跡。巨大建物の遺構、桃やイネなど植物の種、小動物の骨など新たな遺物の出土が相次いでおり、ここにヤマト政権初期の「都宮」があったと考えられている。

（写真提供：桜井市教育委員会）

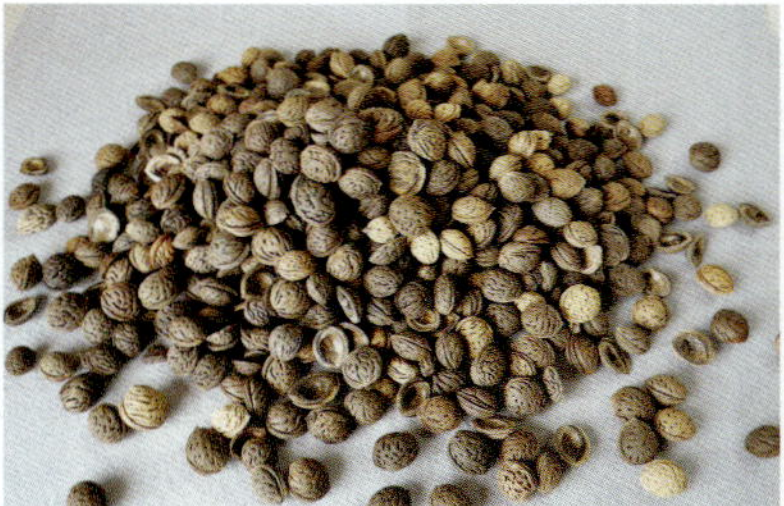
2010年9月に出土した2700個以上の桃の種

原《はる》の辻《つじ》遺跡（長崎県壱岐市）

東西、南北約1キロ四方に広がる遺跡の一部に復元された建物群（東から）

九州本土と対馬の間に浮かぶ壱岐島にある、紀元前二、三世紀〜紀元三、四世紀の多重環濠集落。『魏志』倭人伝に記された「一支国《いきこく》」の王都として特定されている。

日本唯一の人面石や貨泉、船着場跡などが発掘されたことから、中国大陸や朝鮮半島との交流によって繁栄していたことがわかる。

（写真提供：壱岐市教育委員会）

3〜4世紀につくられた人面石

吉《よし》野《の》ヶ里《り》遺跡（佐賀県神埼郡）

吉野ヶ里遺跡全景

有明海に臨む、弥生時代六百年にわたる日本最大の環濠《かんごう》集落跡。巨大な外堀は、集落の発展と厳重な防御を必要としていたことを物語る。

青銅製武器や管玉の出土は、広範囲にわたる交易と、この集落の文化的成熟を示している。

（写真上：佐賀県教育委員会提供
左：文化庁所蔵／
佐賀県立博物館提供）

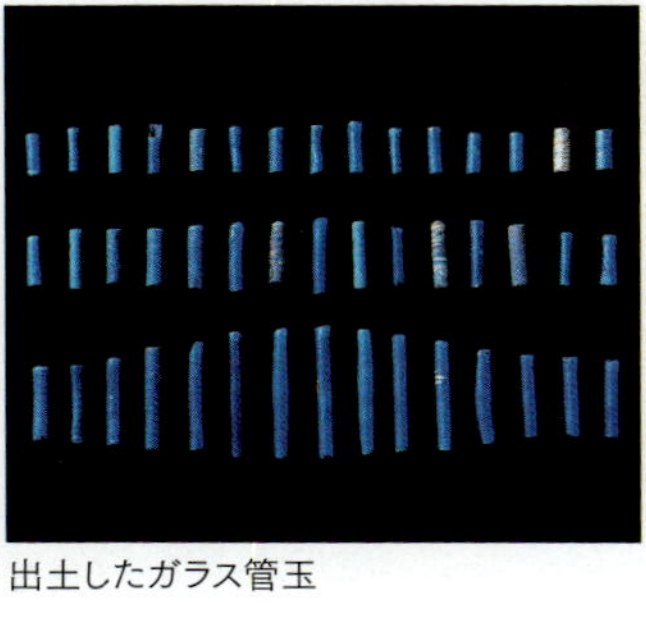

出土したガラス管玉

ここまでわかった！　邪馬台国

●『歴史読本』編集部　編

新人物文庫

はじめに

邪馬台国はどこにあったのか――。

いまから一七〇〇年以上前の日本列島に存在したとされる謎に包まれた女王国の存在は、本能寺の変の真相、坂本龍馬暗殺の犯人とともに、日本史上最大の謎として関心の尽きないテーマです。

江戸時代以降、畿内、九州を二大候補地として、数多くの学者や文化人たちが所在地論争を繰り広げ、その動きは日本中に幾度かの「邪馬台国ブーム」を起こしながら人口に膾炙してきました。そしていま、あらためて邪馬台国に注目が集まってきています。

二〇〇九年（平成二十一年）、奈良県桜井市の纒向遺跡から邪馬台国が存在したとされる三世紀前半ごろの大型建物跡が出土したとして、「邪馬台国の宮殿か」と、全国紙・テレビのニュースが大々的に報道しました。纒向遺跡は、女王卑弥呼の墓だとする説が根強い箸墓古墳を含み、もともと畿内の有力候補地であったのが、今回の発見で畿内説が大きくリードしたと思わせる内容でした。

今年に入ってからも、纏向遺跡の発掘調査を中心にした『NHKスペシャル』が放映されるなど、盛り上がりは続いています。その結果、巷間では「邪馬台国って決着ついたんでしょ」「畿内説に軍配が上がったんでしょ」という声を多く聞くようになりました。しかし、はたしてそのなかのどのくらいの人が「なぜ」そうなのかという理由を明確に答えられるでしょうか。マスコミがそういっているからそうなのかな、と思っている人も少なくないのではないでしょうか。

そこで本書は、そもそも邪馬台国ってなに？　という素朴な疑問から、畿内説・九州説を中心に、それぞれの立場からの最新の研究状況まで紹介していきます。タイトルに「ここまでわかった」とあるように、これまで多くの人びとが挑んできた「謎」について、その判断材料を提示して、その先は読んだ方に判断していただきたいと思っています。森浩一先生による、これまでの研究史をふまえた提言からでも、邪馬台国を知る唯一の史料である「魏志倭人伝」全文の現代語訳からでも、エジプト説まで含めた邪馬台国比定地それぞれの検討からでも、好きなところから読んでみてください。読み終わったときに、きっと自分なりの邪馬台国像が完成していると思います。

二〇一一年五月

『歴史読本』編集部

ここまでわかった！邪馬台国　目次

はじめに …… 3
これから邪馬台国を学ぶ人へ …… 森浩一 8

第一章
『魏志』倭人伝全文を読む
――原文／読み下し文／現代語訳／注釈・解説―― …… 田中俊明 43

第二章
邪馬台国はどこにあったのか
日本全国の主な比定地マップ …… 128
畿内大和説 …… 西本昌弘 130
九州地方説 …… 高島忠平 158
出雲／吉備／阿波／越後地方説 …… 岩田一平 178
東日本／沖縄説 …… 山岸良二 196

第三章

邪馬台国とはどんな国だったのか

世界の中の邪馬台国 …… 森 公章 216
倭国の存立と国際関係／朝鮮半島の情勢／公孫氏と魏・呉
公孫氏の滅亡と魏のまなざし

徹底検証 邪馬台国 …… 千田 稔 232
邪馬台国の実像を探る／邪馬台国とはどんな国家だったのか
人々はどのように暮らしていたか？

卑弥呼とは何者か？ …… 小路田泰直 272
卑弥呼はどこにいたのか？／卑弥呼の居所選択の基準とは
卑弥呼はなぜ女だったのか／箸墓は卑弥呼の墓か
卑弥呼は神功皇后だったのか

コラム 邪馬台国ブームをつくった男たち
①手塚治虫 118 ②宮﨑康平 208 ③松本清張 264 ④木村鷹太郎 310 …… 足立倫行

執筆者略歴 …… 318

これから邪馬台国を学ぶ人へ

森 浩一

「ヤマト」と「大和」

邪馬《やま》台《たい(と)》国《こく》を考えるうえでのよりどころは、もちろん「魏志倭人伝《ぎしわじんでん》」（以下、「倭人伝」と略す）です。ご承知のように、日本の国ができる当時、つまり初期ヤマト政権（カタカナのヤマトです）ができる時代を語っています。しかし、邪馬台国問題について発言している人が当然のこととして、『魏志』をよく読んでいるのかというと、そこに問題があるわけです。

「倭人伝」はわずか二〇〇〇字ほどのものですが、なかなか原典で読むのは難しい。しかも、日本史の場合は「倭人伝」のところだけ読めば良いのだという風潮が一部にあります。

おだやかな物腰で問題点を鋭く指摘する森浩一同志社大学名誉教授

ところが、これは中国の書物の書き方のクセなのですが、すでに説明したことについて中国人は繰り返しません。「倭人伝」が含まれている「東夷伝《とういでん》」の序文ともいうべき箇所に、「中国本土（魏《ぎ》）と朝鮮半島や倭人の土地がどのようにして遮断されたのか」ということが書かれているのです。中国東北部に公孫《こうそん》氏の勢力が独立して、約五十年間、韓人や倭人を従えてしまったと、だから中国本土は約五十年にわたって日本や朝鮮半島とは直接交渉ができなくなったということを嘆《なげ》いているわけです。

さらに、「東夷伝」の前に「烏丸鮮卑伝《うがんせんぴでん》」があって、そこでもその話を書いています。つまり「倭人伝」だけを読んだのでは不十分で、重要なことは「倭人伝」より前に書かれているのです。

それをふまえると二つの点で、邪馬台国論争に首を突っ込んでくる人の理解はほとんどが不十分ですね。中国の歴史書から引用する場合は、つまみ食いのように、ある箇所だけを引用することでは中途半端な知識になるということが第一です。

第二には、はじめに僕が「ヤマト政権」をカタカナで表したことにも関係するのですが、考古学の論文や書物をみていると「大和」とか「大和朝廷」という表記が氾濫《はんらん》していますね。ところが「大和」という二字で奈良盆地を表すようになるのは、聖武天皇のあと、孝謙天皇の時代です。

聖武天皇と孝謙天皇の時代は「藤原広嗣《ふじわらのひろつぐ》の乱」や「橘《たちばなの》奈良麻呂《ならまろ》の変」というような血なまぐさい政治のゴタゴタが相次いでいましたから、人びとが、仲よく団結しましょうという理想をこめて「ヤマト」という国の名前を「大和」に換えたのですね。

『万葉集《まんようしゅう》』の歌にも「大和」という表記はひとつも出てきません。岩波書店の『日本古典文学体系』などでは全部「大和」に書き換えられていますが、あれはいけません。原典では「山跡」とか「山常」、それから万葉仮名で「夜麻登」というように、「大和」は一例も『万葉集』は使っていないのに、どうしたわけか古代史や文学史の大物の先生たちも「大和」を用いています。『万葉集』について、どの先生の読み下し文でも「大和」とあるわけですから、それを学ぶ高校生や大学生に、いつのまにか「大和というのは昔からすごかった」という印象を植えつけてしまいます。

原典に出てくる人名や地名は忠実に用いなければいけません。「邪馬台国の位置はどこでしょう」というような関心をもつ前に、基礎知識を足元から整えないといけないのです。邪馬台国の問題に日本人論的な関心が移りつつあることは承知のうえで、そういうことを注意しないと、いつまでたってもマスコミ主導の「お祭り騒ぎ」「から騒ぎ」の邪馬台国研究で終わってしまいます。それが最初にいうべきことです。

なぜ、論争がおこるのか

考古学の話に入りますが、考古学の定義には二種あります。このことをよく理解しておかないと、「倭人伝」問題や卑弥呼のことには迫れないのです。考古学は明治時代になってから近代的な学問としてスタートします。もちろん、それ以前の日本にも考古学への関心は大変高いものがありました。ただし学問的な体系にはならなかったわけです。明治時代になってアメリカからモースがやってきて大森貝塚を掘って、「考古学は面白いなあ」ということを日本人がわかってきた。モース先生自身、日本人の学問熱心さに感心しているのです。

大森貝塚を掘った直後に、浅草の料亭を会場にして「考古学とはどんな学問か」ということで講演をやったら、お金を払って二〜三〇〇人ほどが集まった。当時のアメリカではこんなことは絶対になかったわけです。日本人の知的好奇心の裾野はひじょうに広いのですね。そういうこともあって、明治時代になってから考古学が近代的な装いをとって、どんどん進んでいきます。

そのころイギリスへ留学した学者に浜田青陵《はまだせいりょう》（耕作《こうさく》）という人がいました。この先生が、イギリスで勉強した後、日本に帰って京都大学に考古学教室を開きます。これはひとつの大きな画期ですね。それ以前は当時の東京大学などのように考古学は人類学に分類されていましたから、歴史を考える学問ではなかった。大正十一年（一九二二）に浜田先生が『通論考古学』という本を書きました。これは考古学のコンパクトな入門書として珍重されます。

そのなかで浜田先生は「考古学の対象には遺跡と遺物の二種類がある」といって、「遺物は動かすことができるが、遺跡は動かすことができない」という認識がある。ところがお金と労力を積みこめば遺跡もほかの場所に動かせる」、だから「考古学の対象は遺物である」という、いまとなっては詭弁《きべん》とみられることをいうわけです。この定義がまだ続いているのです。

大英博物館に行けばわかるように、入って左側の部屋は「エルギン・マーブルズ（Elgin Marbles）」となっています。エルギン卿という人がお金を出してギリシアのパルテノン神殿の飾りを外して持ってきたものです。ギリシアに返せばいいように思うのですが、イギリス人にとっては罪悪でもなんでもないのでしょうね。お金で済んだ問題だと思っている。そういうところで学んだ浜田先生だから「お金さえ出せば遺跡も動かせる」と考えたのでしょう。イギリスではいまもその部屋を「エルギン・マーブルズ」といっているのを見ると、「イギリス人には、これはいけないことだったと反省する人間はいないのかな？」と思ってしまいます。

もっとも、なぜその当時の日本で、遺跡もお金さえ出せば動かせると考えていたのかというと、当時は遺跡の発掘面積が小さかったのですね。ひどい人は「日曜考古学」と称して、日曜日に五、六人でスコップを持って、千葉県や茨城県の貝塚あたりへ行って雑然と掘ってくる。出土状況に注目するわけではありません。そういう時代が続いていたのですね。

一方で、同じ京都大学でも、人文科学研究所に水野清一《みずのせいいち》という方がいました。ひじょうにスケールの大きな学者で、中国との戦争中に弾が飛んでいるような場所へ出かけていって、雲崗《うんこう》や竜門《りゅうもん》などの石窟遺跡の調査をされました。調査といっても水野先生が行ったのは発掘調査ではなく徹底した測量調査です。

この仕事は戦後になってから諸外国に注目されました。日本は戦争だけやっていたのかと思ったら、その間にこれだけの文化事業を成し遂げていたというようにね。水野先生は昭和三十八年（一九六三）に平凡社から出版された『世界考古学大系』十六巻のなかで、「考古学には遺物と遺跡の二つがあるようにいわれているけれども、遺物は遺跡のなかにおいて初めて学問的価値がわかる。だから考古学の対象は遺跡の一語に尽きる」と述べられました。このことをよくわかっていない（わかろうとしない）学者がいまもきわめて多いことは本当に残念です。

京都大学は日本で初めて考古学教室ができたところです。水野先生の学問姿勢を吸収する若者がいれば良かったのですが、残念ながら、浜田先生の流れをくんでそれを守ろうとする学者が多いように僕には思われます。

水野先生の考古学の定義は画期的だと思いますが、それでもいま考えると少し不足があります。たとえば静岡県の登呂《とろ》遺跡には竪穴式住居跡がありますす。それから倉庫の跡があります。人工的な大溝（灌漑《かんがい》用の水路でもあり、同時に小舟の水路）もある。そういうものの集まりが登呂遺跡になっていいます。そうすると、ひとつの竪穴式住居跡、ひとつの倉庫跡、ひとつの大溝の跡を何というのかというのが問題になります。

これは昭和六十年（一九八五）ころからいわれ始めたのですが、遺物と遺跡の二つの概念では不十分だということで考えだされたのが「遺構《いこう》」です。これにあたる言葉は英語にはまだないようです。モニュメント（Monument）という人もいますが、ちょっと違いますね。

この遺構という考え方が学界にも広まってきました。竪穴式住居のひとつひとつは遺構であり、それが十五なら十五集まってひとつの「〇〇遺跡」となるということです。だから水野先生の定義を僕なりに補強したら〈遺物は遺構のなかにおいて初めて学問的価値がわかる。その遺構を総合したものが遺跡である〉ということになります。

また、〈遺跡は大地にくっついているもので、一部の人たちがいうようにお金さえ出せば動かすことができるのだというのは、ひとつずつの竪穴式住居にすぎない〉ということもいえます。いくら技術が発達しても登呂遺跡全体は動かせないでしょうし、動かしてはいけないのです。

自分自身の出発点

僕は学問的に少し早熟だったから、敗戦の年くらいから盛んに遺跡、とくに古墳の発掘に関わって、いつの間にか、その現場の調査の責任をとる立場になりました。われわれより上の世代の優秀な人は戦争にとられて亡くなっていますから、十七、八歳で和泉黄金塚古墳《いずみこがねづか》（大阪府和泉市）や黒姫山古墳（大阪府堺市）など、いきなり大きな発掘の現場責任者になったわけです。それによって僕は鍛《きた》えられました（笑）。

演習によると思うのですが、戦争中に陸軍が和泉黄金塚古墳のてっぺんに散兵壕《さんぺいごう》のような人間一人が入れるくらいの壕をたくさん掘りました。当時はまだ中学生でしたが、ある日、和泉黄金塚古墳に行ったら、後円部の上に散兵壕がたくさん掘ってありました。そしてそのいくつかの壕の切った断面から遺物が見えていたのです。

あのときは本当にびっくりしました。それで、これはなんとかしなくてはいけないと思いまして、家の近所に石舞台古墳《いしぶたい》（奈良県明日香村）の発掘で名をあげられた末永雅雄《すえながまさお》先生が住んでいらっしゃるという情報を聞いて、敗戦の一週間後に、古墳の惨状をどうにかしましょうという相談をしに訪ねて行ったわけです。

ところが、先生は『日本武器概説』という本も書いておられ、戦争中に、大阪城の東側にあった陸軍の造兵工廠の研究所に佐官待遇で所属されていた。ご自宅で僕の前に出てこられた末永先生は想像とは違って、頭は丸刈りで将校服姿でした。なかなか和泉黄金塚古墳の話にならず、「あのときこうしていたら日本は負けずにすんだ」というような話ばかりでね。「そんなこと、いまさらいってもしょうがないじゃないか」と思いましたけど（笑）。

なかなか古墳に行ってくれなかったのですが、十月ころにやっと足を運んでもらいました。それで先生と二人で散兵壕の断面の土を剥《は》がしたらすぐ盾に塗った漆《うるし》の膜が出てきて、突起のついたスイジガイのぐるっと曲がった形を銅でこしらえた巴形《ともえがた》銅器が三個くっついていました。これ以降にも巴形銅器は全国で出土していますが、出土状況はしっかり観察されていません。その後、やっとフィルムが世のなかに出まわりはじめた昭和二十五年に、できたての日本考古学協会の仕事として和泉黄金塚古墳を掘ったわけです。

和泉黄金塚古墳というのはお棺が後円部のてっぺんに三つ並んでいます。いずれも高野槙《こうやまき》を使ったお棺で、腐ってしまっているのですけれども、それを粘土で押さえつけていたので、ちょうど粘土で型をとったように長さや形がわかるわけです。これを粘土槨といいます。

調べると、中央の粘土槨が圧倒的に大きくて、つくりも丁寧でした。掘ってみたらお棺のなかにあるのは玉（ヒスイの勾玉《まがたま》が多かった）、首飾りや腰飾りですね。鏡は一枚だけありました。中型（十四～十五センチくらい）の斜縁《しゃえん》の鏡です。古代人はお棺に死骸を入れて、生前に身につけていた品物を置いて、蓋《ふた》をして埋めます。その後でお棺を粘土で覆《おお》い尽くす前にお棺のとなりに鉄の斧やら鎌やら剣や刀、それから一枚の鏡を入れたわけです。これは明らかに棺外遺物ですね。棺外遺物として粘土のなかに無造作に鉄の斧や鎌と一緒に埋められていたのが、例の有名な「景初三年　陳是作是」の銘文をもつ鏡です。

この鏡は直径が二十三センチでした。日本の古墳に一番多い三角縁神獣《さんかくえんしんじゅう》鏡《きょう》というのも、直径は二十一～二十三センチの大型鏡です。それに対して、さきほどの棺内から出た鏡は中型鏡です。たしかに「景初三年」という中国の年号はあるのですが、わずかな文章のなかに書き違いがあるわけです（例えば「鏡」とあるべきところが「是」）。だが、「景初三年」という年号があるのは事実なので、それをそのままとれば、倭（倭国という言葉は使っていません）の女王・卑弥呼の遣いに与えたという銅鏡一〇〇枚のうちの一枚ということになります。それを一部の学者は三角縁神獣鏡だというふうに強弁しています。言い落としましたが、和泉黄金塚古墳の中央槨の棺外にあったのは平縁の神獣鏡です。同じ文様は三角縁神獣鏡にもあります。

ところが僕は出土状況に重要性を見出しています。出土状況というのは古代人からの伝言です。

京都に藪田嘉一郎という方がいました。独学の学者です。日本古代史だけでなく中国の古代史にも長《た》けていらっしゃった。和泉黄金塚古墳の報告書は綜藝舎から昭和二十九年に出版されましたが、その綜藝舎の主人が藪田さんです。そのころ僕は学生として同志社大学に通っていましたから、内容の打ち合わせや、ゲラを読んだりしていましたので、綜藝舎に行くたびに藪田先生に「この本知っていますか？」というふうに、古代中国のお葬式について書いてある本など、いろいろな本を教えてもらっていました。

そのうちに薮田さんが『日本上古史研究』という雑誌のなかで和泉黄金塚古墳の「景初三年」の銅鏡の銘文のことを書かれました。

和泉黄金塚古墳には、粘土郭の棺外遺物として、おびただしい鉄の剣や刀が埋められていて、握るところに木の装具がつけられていました。幸いなことに粘土に埋められていたため、木の装具は腐っても、そこに掘ってあった文様はきれいに残っていたのです。この文様は直弧文《ちょくこもん》というものでした。

直弧文というのは日本の古墳時代に発達した文様ですが、変化が早く厳密な年代が出ます。年代といっても「〇〇年」ということではなくて、前後関係ですね。それこそ十年刻みくらいで文様が変わるので、年代がたどれるのです。「景初三年」という鏡が出た古墳ですから、直弧文も古いかと思っていました。九州にお棺の壁などに模様を刻んだ「装飾古墳」がたくさんありますが、その文様と一緒なわけです。だから四世紀末～五世紀。鏡の銘文中の年号はストレートに解釈したら古いけれども、古墳の年代は、それほど古くないということになります。

薮田さんは論文のなかで、約五十年間にわたって中国（魏）との交渉は公孫氏が遮断していたけれども、公孫氏が滅ぶことによってやっと日本列島と中国が結ばれ、そのお祝いも兼ね、また公孫氏の時代にできあがっていた北部九州との利害関係を保証するように、倭が遣いを出した。つまり、「景初三年」の銘文というのは日本にとって重要な意味をもつ年号だったから、五世紀ごろ、つまり仁徳天皇の時代に、そのことを記念してつけた銘文の鏡なのだとされます。

これは卓見ですね。銘文の年号がストレートに示す年代と考古学的に確かめることができる年代とは約一五〇年の食い違いがあるのです。「三角縁神獣鏡魏鏡説」を唱える人たちは「景初三年」とか「青龍三年」というような中国の年号があったら絶対年代だといって飛びついてしまう。

そういう人の場合、出土状況には一切配慮せず、まるで通信販売のカタログのような鏡だけの写真集をつくったりします。だからこそ薮田さんの論文は、じつに重要な論文だと思います。

ここまでふりかえると考古学には遺物学と遺跡学という二つの流れがある。これは流れというよりも、基本的な方法の違いで、考古学全体にかかわる問題です。

よく邪馬台国論争について聞く人がいますが、これは論争ではないのですね。たとえ一つの部屋に集まって何日かけて討論しても、遺物学と遺跡学だから、これは刀を交えて火花が散るようなことにはならないのですよ。

僕から見たら遺物学の立場をとる学者は火星人みたいなものでね（笑）、まったく発想が違います。それに第一、感激性がありません。学問というのは感激があるから、次々に挑戦する気持がわくもので、感激がある人には次々とひらめきが出てくるものです。

以上のように、こういう二つの研究方法の違いがあるので、どんな上手な司会者がいたとしても、僕が遺跡への関心を捨てて、遺物学にいくということとはありえないのであって、論争にはならないのです。

三角縁神獣鏡について

鏡は弥生中期ころ、漢王朝から楽浪郡《らくろうぐん》（朝鮮半島北部）を通じて日本、とくに北部九州へもたらされたと思われます。弥生前期にはなくて、弥生中期、しかも福岡県が主な出土地です。倭人は銅鏡が好きで、お墓に好んで入れるということがわかります。ひとつのお墓に三十枚とか四十枚という具合に、ものすごい数の鏡を入れるのです。

そんなことは朝鮮半島や中国大陸にはまったくありません。むこうは王の墓であっても鏡は一枚、多くて二枚。二枚というのは合わせ鏡にするためで、中国では貧富の差に関係なく墓へ入れる鏡は原則として一枚です。南のほうに一ヵ所、十数枚の鏡が出土した古墳があります。南越王の古墳です。倭人と越人というのは中国の歴史書でみると一緒に朝貢するなど、わりあい親縁関係にあったといえます。また、昔の越人はイレズミをしてふんどしをしめ、米を食べているので、南越も中国からすれば倭人に似た異民族です。しかもそのお墓には、女の人を殉葬しており、その人たちもめいめい鏡をもっているので、結果として多いわけです。

じつは、敗戦までは中国の古墳には学術調査されたものがきわめて少なかったわけです。ほとんどは骨董屋さんが買ってきたものを通じて先生方が勉強していました。

そのような鏡しか材料にしていなかったので、中国のどのような地域から、どのような状況で出土するのかは、ほとんどわかりませんでした。だから僕のように、考古学というものは、遺物が発掘の過程でどのように出るのかということが第一の学問的価値なのだという立場をとりますと、骨董屋さんがどこかで盗掘されたものを集めてもってきても、それは参考品にしかすぎないのです。参考品にするのも危ないかもしれません。優秀な偽物がありますからね。

つい最近も中国の山東省あたりで三角縁神獣鏡が出たという新聞記事をちらっと読みましたが、どういうような状況で出土したのかということを全然書いていませんでした。骨董屋から買ってきたものでしょうね。また、数年前に長安の都から日本の留学生で病死した人の墓誌があったという報道がありましたが、あれも怪しい。骨董屋が西北大学に売りつけたもののようです。その一部の中国史の学者は、「あれは使うには怖すぎる」といっています。そのような資（史）料を、考古学や古代史の重要な骨組みをつくるときには、使うべきではないと思います。博物館がもっている遺物のなかにも、ある時代に偽造されたものが混ざっていたりします。

ところで日本国内では、敗戦後まもなくのころから、三角縁神獣鏡というものが多いなあ、これは何だろうということが噂になりだしました。

そこで初めて日本の学術調査隊が中国へ行ったとき（東大の原田淑人《はらだよしと》先生が団長ですが、昭和三十年代の後半だったと思います）、そのときに行った街々で中国の学者にスライドを見せて、三角縁神獣鏡について知っている人は教えてくださいと聞いたんですが、どこに行っても知らないといわれました。一部の学者は魏の鏡だと喧伝《けんでん》しているけれども、このころから「あれはおかしいぞ」という噂が出はじめました。

そうするうちに、中国では北の黄河《こうが》流域（華北）と南の揚子江《ようすこう》流域（華中）での文化などの違いがよくわかりだしました。たとえば、華北は粟《あわ》を栽培して主食にしますが、一方、華中では米を栽培して主食にしているように、両者で、好まれた鏡の種類がかなり違うということがだんだんわかってきました。

中型の鏡（十二〜十四センチ）、これは圧倒的に黄河流域に多いのです。大型の鏡はどちらかというと揚子江流域、もっと厳密にいうと、越《えつ》の都があった紹興《しょうこう》のあたり。ただし、これは神獣鏡ではありません。神獣鏡の神（仙人）の姿をもっと平らな形にした、三角縁の画像鏡です。神獣鏡と画像鏡の差は紙一重です。神獣鏡は肉付きが良く、画像鏡は板のような表現です。厚いボール紙を切り抜いて貼ったような形です。

つまり、三角縁神獣鏡の特徴をまとめると、まず、一点目は出土状況がはっきりしているものが、日本列島にしか出土しないということです。朝鮮半島や中国では、確実なものは一枚も出ていません。ただし、その源流は江南だったとみられます。

二点目は、同型鏡が多いということです。同型鏡とは量販店の紳士服のようなもので、いくらでも同じものがあるわけです。これにはやり方が二種類あって、ひとつの鏡があったとしたら、それを粘土で型をとって銅を流し込みます。これがより簡単な方法です。ひとつの鋳型から何枚も同じ鏡を取り出したものは同笵《どうはん》鏡といいます。要するに三角縁神獣鏡はきわめて同型（同笵）の鏡が多い。

三点目の特徴は、内区の主たる文様が、神獣であるということです。神獣をつけているから神獣鏡というわけだけれども、これも華北に少ないわけです。日本には三角縁だけでなく平縁もあって神獣鏡はひじょうに多い。なかでも三角縁神獣鏡は日本全体で五〇〇枚ほど出土していて、出土鏡のなかで一番多い種類です。

　戦後に京都大学の小林行雄さんが研究を始められたころには約二〇〇枚でした。この五十年の間に二倍強になったのです。一部の学者は、「倭人伝」によれば日本の遣いが中国の魏に行って鏡をもらってきていて、卑弥呼は一〇〇枚もらっているとあり、「倭人伝」では一度に一〇〇枚もらうのだから二〇〇枚というのは理にかなっているとします。

　ところがこれには大きなインチキがあります。唐の終わりに、中国の紹興近くの寧波《ねいは》を中心に呉越国ができました。小さい国で貿易立国を目指します。その呉越国で生産された中国初期の青磁である越州窯《えつしゅうよう》が日本でもたくさん出土していますが、呉越国は貿易の相手側に銭弘俶塔《せんこうしゅくとう》という小さな塔をつくって渡しています。文献によると日本には五〇〇個渡したとあります。

　ところが現在、地下から掘り出され、学界が認識しているのは八個か九個です。これは重要なことで、偶然出土したものが当時あったすべてだと考えるのはとんでもない錯覚なんです。銭弘俶塔を例にとって考えると、五〇〇個というのは文献上の数字。そして、出土したものが十個足らずというのが考古学的な数字です。

ということは、三角縁神獣鏡がすでに約五〇〇枚知られているということは、当時あった数は少なくともそれの十倍になるでしょう。もっと多いかもしれません。銭弘俶塔では五〇〇対十ですからね。

そこが三角縁神獣鏡によって古代史に迫ろうというときの問題です。いつまでたっても「遣いを出したときの数に合います」とか、さらに、五〇〇枚になったら「魏志」が間違いで、もっと頻繁に遣いは行っていたのだという考えの人たちもいますが、僕からみたら歴史を知ろうとしない暴論です。

弥生人の高度な文化

もうひとつ重要なことがあります。日本は弥生時代の中期から後期にかけて銅鐸《どうたく》をつくっています。大阪に三宝伸銅という会社がありました。その社長だった久野雄一郎は銅に関するナンバーワンの研究者でした。この人は東大工学部を出ていて、私の中学の一年後輩です。二年ほど前に亡くなりましたが、その久野さんが、最後の時期の銅鐸を調べたところ、自然銅の成分が残っていることがわかりました。銅山というのは、採掘する以前は銅の一部分だけが地上に露出していたのです。これが自然銅で、昔の山師が銅山を見つけようとすると山の下のほうから斜面を見上げます。すると、山の斜面に蕨《わらび》が生えているように見える。いい銅山があるところには例外なくニョキニョキと自然銅が出ていたのです。

有名な和同開珎《わどうかいちん》は秩父《ちちぶ》の銅をとってつくられましたが、その文献『続日本紀《しょくにほんぎ》』を読むと、じつに正確に出ています。当時の秩父の山からは大きな「自然作成和銅」が見つかったのです。自然にできた銅と書いている。日本は銅山が多いですからね。資源のない貧乏国だという人が多いが、それは正しくありませんね。日本は室町時代ころには銅の輸出国としては世界のトップクラスです。それから銀も。それに金もですね。江戸時代の末に、諸外国がごまかして日本の金貨を持ち出してしまいました。日本には現代人が使えるほど大量ではないけれども、だいたいの鉱物資源はあるのです。

すべてが自然銅ではないかもしれませんが、銅鐸の製造ではかなり自然銅の恩恵にあずかっていたのです。

その結果、弥生中期には同じ石型を使って、同じ銅鐸をつくるという技術が発達していたのです。同型（同笵）の技術ですね。最初は五個くらいが一組だという人もいましたが、現在は十個が一組ではないかと考えられています。つまり三角縁神獣鏡に同型（同笵）が多いのは、日本の弥生時代の銅鐸の製作技術に源流があるということなんです。

なお、昔の銅鐸は厚さ二～三ミリです。いまの技術では、鋳物で厚さ二～三ミリの銅鐸をつくるのは難しいので、分厚いものをつくって旋盤で削っていますね。弥生時代の知識や技術をみくびっている人には、「自分で銅鐸のひとつでもつくってみなさい」といいたいですね。

そういうことで弥生時代の銅鐸をつくる技術は、初めは北部九州（昔、九州は銅鐸が出ないといわれていましたが、吉野ヶ里などで出はじめました）

から広島くらいまで広がり、その後、製作の中心が島根県を含んで近畿地方に広がるのです。

最後のころの大きな銅鐸は、愛知や静岡など東海地方でもみられます。関東は銅鐸がないといわれていましたが、銅鐸の仲間に入れてよい小銅鐸は千葉県の東京湾の海岸地域から数個が見つかっていますね。

だから三角縁神獣鏡を研究する人は、自分は鏡の専門家だといって鏡しか知らなかったら話になりません。せめて弥生時代と古墳時代の両方の知識がないといけません。〝同型（同笵）の鏡は中国での研究が進めば出てくる〟ように安易に思っていたでしょう。でもそれはなさそうです。

中国のものではない証拠を発見

もうひとつ大事なことがあります。大阪府茨木市に紫金山《しきんざん》古墳という前方後円墳があるのですが、戦後すぐのころ、そこで京都大学が発掘調査をしまして、その発掘を見に行っていました。紫金山古墳では長い木棺を真ん中に置いて蓋をしてから、割石で石室をこしらえているわけです（和泉黄金塚古墳の場合は粘土で覆っていたのですけれども）。

しかも、棺内から銅鏡がたくさん出たのですが、そのさい遺骸を置いてあったとみられる棺内には、中型の鏡、方格規矩四神鏡《ほうかくきくししんきょう》という鏡一枚がありました。お棺の蓋をした後に、石室の壁に石を積み上げ、石室と木棺の間に若干の隙間ができたところに十一枚の鏡を置いてありました。棺外にある鏡の一枚が超大型（直径四十センチ）で、勾玉の模様をあしらった、誰が見ても日本製とわかるものでした。そのほか、十枚の三角縁神獣鏡があった。

僕は、見学したさいの様子を昭和二十二年にノートにとっていて、昨年読み返したのですが、「出土した鏡は、ことごとく鈕《ちゅう》の孔（鏡の真ん中に空けたひもを通す孔）に鋳物土がつまったり、鋳放しのままのものである」と書いてありました。

これはびっくりしました。中国の皇帝が鏡を下賜する場合、鏡の鈕に綬《じゅ》

(組紐)をつけます。鈕のなかの鋳物土を全部出して、鋳張というメリケン粉を焼くときに鉄板からはみ出すようなものをきれいにヤスリで削りとって、紐をかけるのですね。卑弥呼の場合も「金印紫綬」をもらっている。印の鈕にも綬(色が問題だったと思うのですが)をつけたのです。ところが見学した鏡には鋳物土がつまっている。しかも超大型鏡も鈕がふさがっている。これは梅原末治先生や小林さんから聞いて自分で書いたのですが、すっかり忘れていました。

それから、平成十一年(一九九九)に、奈良県天理市の柳本で黒塚《くろづか》という前方後円墳が発掘されました。そこでも棺内にある鏡は一枚の中型鏡でした。お棺と石室との間にずらっと三十三枚の三角縁神獣鏡がならべてあったのですが、その鏡の鈕にも鋳物土がつまったものがあったのです。

僕は鈕孔の土のつまり方や鋳放しを見ていました。

美術館や博物館はうっかりしていると鈕につまった土を出してしまいますからね。大事な考古学的な証拠なのですが、そのことは、京都大学の小林さんが三角縁神獣鏡を書いた論文や本では全然ふれていません。遺物学者というのであれば、そのことに気づかない、あるいはわざと書かないようでは、本当の遺物学者とはいえないのです。

中国語が行き交う邪馬台国の情景

最後のまとめですが、三角縁神獣鏡の約三分の二には漢字が書いてあります。なかには漢字が書いてあったら中国製だという人もいますが、それは弥生時代や古墳時代の日本文化を軽視しているから生まれるので、逆にいうと三角縁神獣鏡だけでも三百数十枚の漢字を書いた鏡が見つかるということは、少なくともそれだけ漢字に接触する人がいたということで、工人がどの程度漢字を読めたかは別にして、漢字を目にしていたわけです。

石川九揚さんというユニークな書の学者がいらっしゃって、前に対談したのですが、彼は「文字の理解は当然のことで、卑弥呼の宮殿では中国語が飛び交っていた」ということを書いています。だから卑弥呼の時代は倭人側で漢字の読み書きができたと考えているのです。「倭人伝」を忠実にみても北部九州の倭地では漢字を読み書きできたとしか読めないわけです。

三角縁神獣鏡も古代日本の文字文化を示す、ひじょうに重要な資料なのです。しかし、そんなことには聞く耳をもたず、いつまでたっても「中国の鏡だ」というような人がいます。ひどい人はNHKの解説で、「漢字が書いてあるということは中国製の証拠です」と発言していました。

また、和泉黄金塚古墳では、棺内には中国からの輸入鏡とみられる中型鏡がありました。黒塚古墳でもあれだけの鏡が出ましたが、棺内に置かれていたのは黄河流域でも普通にある一枚の鏡です。これは化粧道具ですね。そして、多くの数の棺外に置いてある日本特有の三角縁神獣鏡は葬具です。呪具といってもよい。

亡くなった道教の研究者の福永光司先生に教えてもらったことですが、不老不死の蘇《よみがえ》りの思想（信仰）では、死骸は密封してそのままの形で伝えるということです。たとえばモグラが穴を掘って骨をつぶしたりしたら、来世で生まれ変わるときには不具の身体になるということなのです。だから人間が死ねば、棺の周囲を石や粘土で厳重に固め、二度と開けることはなかったわけです。

日本の前期古墳はいずれも死骸の密封型でしょう。それが後期古墳になると、葬った後も人が石室に入れます。葬った人の死骸が腐ってしまえば、残った骨を集めて石室のはじに寄せ、主たる場所を次に葬る人に譲るのです。だから神話のイザナギ、イザナミの話のように人間が死んだ場合「蛆《うじ》たかり、膿わきでて」というすさまじい光景があったので、これが後期古墳です。弥生時代のころには、鏡を副葬した古墓は北部九州にあって、四世紀になって前方後円墳は日本のほぼ全域に広がっていきます。熱烈なる不老不死への信仰があったのでしょう。不老長寿と不老不死は紙一重ですからね。五、六世紀になると三角縁神獣鏡をつくることは急になくなりますし、古墳には埋納しなくなります。新しい信仰がおこったのでしょう。

これからの邪馬台国研究

最後に僕の希望ですが、これから勉強しようという人は、まず「倭人伝」を原文で読む努力をしてほしいと思います。いつまでたっても現代の日本人の読み下し文で見ていてはだめです。もとの「倭人伝」は句読点も改行もまったくない文章です。そういったことをふまえて、原文に沿って読む努力をしてもらいたい。

それから「倭人伝」に出てくる場所に行ってみるということ。僕は昭和二十五年に朝鮮戦争が始まったとき、「もうこれでふたたび大陸には行けないのかな」という気持ちで、大陸に一番近い対馬《つしま》に貧乏旅行をしました。それがじつに役に立ちました。

以前、弥生研究の学者二人と鼎談《ていだん》をしたとき、その人たちが「森さんは対馬に行ったことがありますか？」と聞くので、どういうことかと思ったら、二人ともまだ対馬に行ったことがないということでした。弥生文化研究の代表的な専門家二人が、「倭人伝」にあれだけ対馬のことが細かく書いてあるのに、その場所に行ってみようとしない。これではだめだと思って、その座談会の後半は熱が冷めてしまいました。僕のゼミ出身者には「新婚旅行は対馬に行ってこい」ということをいいます（笑）。やはり臨場感は大切です。

それから細かいことだけに関心をもつのでは、それ以上進めなくなってしまいます。「いまはこれをやっているけれど、○○にも興味があって、次はそれをやってみます」ということでないと、同じ細かいことだけを研究対象にしているのでは視野が狭くなってしまいます。

とくに「倭人伝」研究では、そういう人がいます。講演がすんだら、「ところで今日の講演では先生は九州説か大和説かはっきりしません。結論はどっちですか？」と結論だけを知りたがる人がいますが、「よく聞いていれば問題点はわかるでしょう？」と思ってしまいます。

直木孝次郎さんが、僕を分類して「邪馬台国九州説」といいますが、あれには不満なのです。昭和三十七年に『古代史講座』のなかで「日本の古代文化」を書いたときからずっといっているように、北部九州の弥生文化が、東に移ってヤマト政権の萌芽になる。

だから邪馬台国自体が東に移ったのか？　それとも女王国なのか？　伊都国や奴国の連合軍なのか？　そのへんはまだわからないけれども、いずれにしても北部九州の勢力が文化だけではなく、文化をもった人びとも移ってきたのでしょうね。だから僕は、どちらかというと北部九州勢力の東遷説です。

まずヤマトに移り、また千何百年か経ってから京都からの東京遷都が行われたわけでしょう。そして東京遷都の原動力になったのは、薩摩や長州です。長門《ながと》は北部九州の隣接地で共通の文化圏にあった。このように歴史全体の大きな流れを眺めると面白いですね。

第一章

『魏志』倭人伝

全文を読む

唯一の文字史料は何を伝えているのか？
原文・読み下し文・現代語訳・注釈・解説でよむ
邪馬台国研究の基本テキスト

田中俊明

すべてはここから始まった。
わずか二千余字、ただひとつの文字史料には
なにが書かれているのか？
原文／読み下し文／現代語訳／注釈・解説で
『魏志』倭人伝を読み解く。

❶倭人在帶方東南大海之中依山島爲國邑舊百餘國漢時有朝見者今使譯所通三十國從郡至倭循海岸水行歷韓國乍南乍東到其北岸狗邪韓國七千餘里

❷始度一海千餘里至對海國其大官曰卑狗副曰卑奴母離所居絶島方可四百餘里土地山險多深林道路如禽鹿徑有千餘戸無良田食海物自活乘船南北市糴

❸又南渡一海千餘里名曰瀚海至一大國官亦曰卑狗副曰卑奴母離方可三百里多竹木叢林有三千許家差有田地耕田猶不足食亦南北市糴

❹又渡一海千餘里至末盧國有四千餘戸濱山海居草木茂盛行不見前人好捕魚鰒水無深淺皆沈沒取之

❺東南陸行五百里到伊都國官曰爾支副曰泄謨觚柄渠觚有千餘戸世有王皆統屬女王國郡使往來常所駐

❻東南至奴國百里官曰兕馬觚副曰卑奴母離有二萬餘戸東行至不彌國百里官曰多模副曰卑奴母離有千餘家南至投馬國水行二十日官曰彌彌副曰彌彌那利可五萬餘戸

❼南至邪馬壹國女王之所都水行十日陸行一月官有

伊支馬次曰彌馬升次曰彌馬獲支次曰奴佳鞮可七萬餘戸

❽自女王國以北其戸數道里可得略載其餘旁國遠絶不可得詳

❾次有斯馬國次有巳百支國次有伊邪國次有都支國次有彌奴國次有好古都國次有不呼國次有姐奴國次有對蘇國次有蘇奴國次有呼邑國次有華奴蘇奴國次有鬼國次有爲吾國次有鬼奴國次有邪馬國次有躬臣國次有巴利國次有支惟國次有烏奴國次有奴國此女王境界所盡

❿其南有狗奴國男子爲王其官有狗古智卑狗不屬女王自郡至女王國萬二千餘里

⓫男子無大小皆黥面文身自古以來其使詣中國皆自稱大夫夏后少康之子封於會稽斷髮文身以避蛟龍之害今倭水人好沈沒捕魚蛤文身亦以厭大魚水禽後稍以爲飾諸國文身各異或左或右或大或小尊卑有差

⓬計其道里當在會稽東治之東其風俗不淫男子皆露紒以木緜招頭其衣横幅但結束相連略無縫婦人被髮屈紒作衣如單被穿其中央貫頭衣之

⓭種禾稻紵麻蠶桑緝績出細紵縑緜其地無牛馬虎

豹羊鵲兵用矛楯木弓木弓短下長上竹箭或鐵鏃或骨鏃所有無與儋耳朱崖同倭地温暖冬夏食生菜皆徒跣有屋室父母兄弟臥息異處以朱丹塗其身體如中國用粉也食飲用籩豆手食

⑭其死有棺無槨封土作冢始死停喪十餘日當時不食肉喪主哭泣他人就歌舞飲酒巳葬擧家詣水中澡浴以如練沐

⑮其行來渡海詣中國恒使一人不梳頭不去蟣蝨衣服垢汚不食肉不近婦人如喪人名之爲持衰若行者吉善共顧其生口財物若有疾病遭暴害便欲殺之謂其持衰不謹出眞珠靑玉

⑯其山有丹其木有柟杼豫樟楺櫪投橿烏號楓香其竹篠簳桃支有薑橘椒蘘荷不知以爲滋味有獮猴黒雉

⑰其俗擧事行來有所云爲輒灼骨而卜以占吉凶先告所卜其辭如令龜法視火坼占兆其會同坐起父子男女無別人性嗜酒【魏略曰其俗不知正歳四節但計春耕秋收爲年紀】見大人所敬但搏手以當跪拜

⑱其人壽考或百年或八九十年其俗國大人皆四五婦下戸或二三婦婦人不淫不妒忌不盜竊少諍訟其犯法輕

者沒其妻子重者沒其門戶及宗族尊卑各有差序足相臣服

⑲收租賦有邸閣國國有市交易有無使大倭監之自女王國以北特置一大率檢察諸國畏憚之常治伊都國於國中有如刺史王遣使詣京都帶方郡諸韓國及郡使倭國皆臨津搜露傳送文書賜遺之物詣女王不得差錯下戶與大人相逢道路逡巡入草傳辭說事或蹲或跪兩手據地爲之恭敬對應聲曰噫比如然諾

⑳其國本亦以男子爲王住七八十年倭國亂相攻伐歷年乃共立一女子爲王名曰卑彌呼事鬼道能惑衆年已長大無夫壻有男弟佐治國自爲王以來少有見者以婢千人自侍唯有男子一人給飲食傳辭出入居處宮室樓觀城柵嚴設常有人持兵守衛

㉑女王國東渡海千餘里復有國皆倭種又有侏儒國在其南人長三四尺去女王四千餘里又有裸國黑齒國復在其東南船行一年可至參問倭地絶在海中洲島之上或絶或連周旋可五千餘里

㉒景初二年六月倭女王遣大夫難升米等詣郡求詣天子朝獻太守劉夏遣吏將送詣京都

㉓其年十二

月詔書報倭女王曰

㉔制詔親魏倭王卑彌呼帶方太守劉夏遣使送汝大夫難升米次使都市牛利奉汝所獻男生口四人女生口六人班布二匹二丈以到汝所在踰遠乃遣使貢獻是汝之忠孝我甚哀汝今以汝爲親魏倭王假金印紫綬裝封付帶方太守假授汝其綏撫種人勉爲孝順汝來使難升米牛利渉遠道路勤勞今以難升米爲率善中郎將牛利爲率善校尉假銀印青綬引見勞賜遣還今以絳地交龍錦五匹【臣松之以爲地應爲綈漢文帝著皁衣謂之弋綈是也此字不體非魏朝之失則傳寫者誤也】絳地縐粟罽十張蒨絳五十匹紺青五十匹荅汝所獻貢直又特賜汝紺地句文錦三匹細班華罽五張白絹五十匹金八兩五尺刀二口銅鏡百枚眞珠鉛丹各五十斤皆裝封付難升米牛利還到録受悉可以示汝國中人使知國家哀汝故鄭重賜汝好物也

㉕正始元年太守弓遵遣建中校尉梯儁等奉詔書印綬詣倭國拜假倭王并齎詔賜金帛錦罽刀鏡采物倭王因使上表荅謝詔恩

㉖其四年倭王復遣使大夫伊聲耆掖邪

拘等八人上獻生口倭錦絳青縑緜衣帛丹木𤝔短弓矢掖邪狗等壹拜率善中郎將印綬

㉗其六年詔賜倭難升米黃幢付郡假授

㉘其八年太守王頎到官倭女王卑彌呼與狗奴國男王卑彌弓呼素不和遣倭載斯烏越等詣郡說相攻擊狀遣塞曹掾史張政等因齎詔書黃幢拜假難升米爲檄告喩之

㉙卑彌呼以死大作冢徑百餘歩徇葬者奴婢百餘人

㉚更立男王國中不服更相誅殺當時殺千餘人復立卑彌呼宗女壹與年十三爲王國中遂定政等以檄告喩壹與壹與遣倭大夫率善中郎將掖邪狗等二十人送政等還因詣臺獻上男女生口三十人貢白珠五千孔青大句珠二枚異文雜錦二十匹

1

倭人在帯方東南大海之中依山島
爲國邑舊百餘國漢時有朝見者今
使譯所通三十國從郡至倭循海岸
水行歴韓國乍南乍東到其北岸狗
邪韓國七千餘里

倭人は帯方の東南、大海の中に在り。山島《サントウ》に依りて國邑を爲す。舊《もと》百餘國。漢の時、朝見する者有り。今、使譯《シヤク》の通ずる所は三十國。郡より倭に至るには海岸に循《したが》いて水行し、韓國を歴《ふ》。乍《ある》いは南し、乍いは東し、其の北岸狗邪韓國に到ること七千餘里。

現代語訳

倭人[1]は帯方郡の東南で、大きい海の中にいる。[2]山や島によって国・邑を形成している。もとは百余国あった。[3]漢の時代に、朝見してくるものがあった。[4]今、使者・通訳がやってきて通交しているのは三十国である。[5]〔帯方〕郡から倭に行くには海岸に沿って船で行き、韓の国を通過する。[6]南に向かったり、東に向かったりしながら、[7]その北岸の狗邪韓国に到着するが、[8]そこまでが七千余里である。[9]

1 「倭」の語義については、いくつかの説がある。①廻って遠い、はるかな②性質の従順な人を指す③みにくい④一人称のわれから出た⑤背が低い人を指す、など。こうしたなかで、身体的特徴というべき⑤が、目で見て区別できるものであり、「倭人」という表記のしかたともあいまって、最も妥当ではないかと考えられる。なぜ倭ではなく、倭人なのか。『論衡』や『漢書』地理志に「倭人」とあるが、『山海経』には「倭」とあるのみで、「倭人」ではない。「倭人」とするのが伝統であったわけではなく、古典の素養の上に立っても、「倭」と「倭人」とは、どちらでもよかったということになる。「倭」が一字ということもあろう。濊・韓は一字であり絶対的ではないが、一字では落ち着きが悪いということではなかろうか。また、「倭」の意が上記のように、背の低い、ということであるならば、「倭人」としたほうがわかりやすい、ということもあろう。

2 帯方郡設置後、倭は帯方郡管轄となったため、帯方郡が基点とされる。公孫度が設置したという記録もあるが（『晋書』地理志）、『魏志』韓伝の記述が最も詳しく、公孫康が設置したものとしてさしつかえない。康が父度のあとを継いだのが二〇四年であり、その年か翌年くらいに設置されたものと考えられる。それまでの楽浪郡を二分し、南半を独立させたものであった。その位置については、今なおソウル説と黄海道説とで対立しているが、ソウル説の根拠は、楽浪郡帯方県の位置を示す記事であり、直接帯方郡の位置を示すものではない。漢魏代の磚築墓（せんちくぼ）の分布など考古学的条件からすれば黄海道説が妥当であろう。郡治の候補として智塔里（チタムニ）土城が有力である。

3 『漢書』地理志には「夫れ楽浪の海中に倭人有り。分かれて百余国を為す。歳時を以て来たり献見す、と云う」とあり、それをふまえているものと考えられる。その実体や事実を確認することはできない。

4 『漢書』地理志の記事に伝聞ながら「歳時を以て来たり献見す」とあるほか、『漢書』王莽伝には、前漢末の元始五年（紀元後五）のこととして「東夷の王、大海を度って国珍を奉じ」とある。大海を渡って来たこの「東夷の王」は、倭王を指すのであろう。

後漢代には倭奴国王（五八年）、倭国王帥升等（一〇七年）が知られる。

5 「使訳」は使者と通訳で、通訳をともなった使者、とすべきか。「三十国」は、「対海国」以下、邪馬台国に至る行程に登場するのが七国、「其の余の旁国」が二十一国、それに邪馬台国（ここまでが倭国）およびその南の狗奴国で三十国になる。

6 韓の国を陸路で通過したとみる意見があるが、陸路を経て狗邪韓国に到着した場合、そこから先の船の調達をどうするのであろうか。魏からは、倭国の朝貢に対する回賜品がもたらされたのであり、例えば「銅鏡百枚」がそれである。かなりの重量になったはずの回賜品を運ぶのに、陸路をとるのは容易ではない。そもそも、倭国へ向かう場合に、必ずしも安全ではない韓国を経由する必要はない。目的地は海の先であり、最初は船で出たことが明らかであるから、そのまま海路を用いれば済むのであり、わざわざ陸路をとる必然性が理解できない。航海の困難さが指摘されることがあるが、航海が困難であるかどうかは、そもそも別の次元の問題である。

7 「あるいは南し、あるいは東し」と読む。近年「たちまち南し、たちまち東し」と読むこともあるが、『日本書紀（にほんしょき）』古訓によれば、「マタ」・「アルヰハ」・

「アルトキハ」などと読むのがほんらいである。

8 狗邪という韓の国。韓伝に弁辰狗邪国として登場する。現在の慶尚南道金海市にあたる。倭の北岸が狗邪国であり、海岸線よりも南が倭であるということになる。

9 韓伝には韓の地が「方四千里可り」（約四千里四方）とあり、西岸から南岸を進めば七千余里でもおかしくない。一里の長さ後述。

②

始度一海千餘里至對海國其大官卑狗副曰卑奴母離所居絶島方可四百餘里土地山險多深林道路如禽鹿徑有千餘戸無良田食海物自活乘船南北市糴

始めて一海を度《わた》ること千餘里。對《タイ》海國《カイコク》に至る。其の大官は卑狗《ヒク》、副を卑奴母離《ヒナモリ》と曰う。居る所、絶島にして、方四百餘里可《ばか》り。土地山險にして深林多し。道路は禽鹿の徑《みち》の如し。千餘戸有り。良田無く、海物を食らいて自活す。船に乗りて南北に市糴《シテキ》す。

現代語訳

ここで初めて海を渡るが[10]、その距離千余里で[11]対海国（対馬《つしま》国）に到達する。[12]その国の大官は卑狗といい、副官を卑奴母離[13]という。人々が住んでいるのは絶島であり、広さはおよそ四百余里四方である。土地は山がちで険《けわ》しく、深林が多い。道路は鳥や鹿のけもの道のようである。千余戸ある。良い耕地は無く、海産物を食べて自活している。船に乗って南や北に行って交易している。[14]

10　「始めて」は「初めて」と同じ。ここまでは沿岸航路で、ここで初めて横断する。

11　一尺の長さは、時代によって変遷があり、基本的には時代とともに長くなっている。例えば漢代には出土尺によっても、一尺ほぼ二三cmとみられるが、唐代には三〇cm前後となる。魏代はその間にあり、一尺約二四cmとみることができる。そうだとすれば、一歩（＝六尺）は約一四四cmとなり、一里（三〇〇歩）は約四三二mとなる。従って、千里で約四三二kmとなる。金海～対馬鶏知（けち）間は約一四〇kmなので、三倍程度にしていることになる。そのため魏代には、それよりも短い里（例えば一里を七五m程度とみる）が行われていたというみかた（短里説）もあるが、東夷伝では、玄菟と夫餘（王都は吉林市）千余里、遼東と高句麗（王都は集安市）千余里としており、その実数はさきの一里で計算した千里に近い。大きく記しているのは、水路であることと関わりがある。一四四三年の朝鮮国使の申叔舟の見聞記である『海東諸国記』においても、対馬→壱岐は三・五一倍に、壱岐→博多は二・一六倍に記されている。魏使は水路を使ったのであるが、その航海は困難なものであり、そのため実際よりも距離感をもって受け取られたということであろう（西本昌弘）。

12 宋本では、「対海国」となっているが、他の諸本では「対馬国」としており、もともと対馬とあったと考えても問題はない。

13 卑狗は、対馬・一支ともにみえ、卑奴母離は、さらに奴国・不弥国にもみえる。卑奴母離は四国に共通してみられるため、邪馬台国から派遣した官であるという意見もある。卑狗は、「ヒコ」とよみ「彦」「日子」にあて、日の神を祭ることをつかさどる祭政的王者を指すとみる。卑奴母離は、「ヒナモリ」とよみ「夷守」にあてる意見や、「ヒノモリ」とよみ、「火の守」とみる意見もある。

14　市とは物を買うこと、糴とは穀物を買うこと。交易することと考えてよい。

③

又南渡一海千餘里名曰瀚海至一大國官亦曰卑狗副曰卑奴母離方可三百里多竹木叢林有三千許家差有田地耕田猶不足食亦南北市糴

又《ま》た南のかた一海を渡ること千餘里。名づけて瀚海《カンカイ》と曰う。一大國《イチダイコク》に至る。官も亦た卑狗と曰い、副を卑奴母離と曰う。方三百里可り。竹木叢林多し。三千許家有り。差々《やや》田地有るも、田を耕やすも猶お食するに足らず。亦た南北に市糴す。

現代語訳

さらに南に向かって海を渡るが、その距離は千余里である。その海を瀚海とよんでいる。そうすれば一大国（一支国《いき》）に到達する。[15] 官はここでもまた卑狗といい、副を卑奴母離という。広さはおよそ三百里四方である。竹や木の林が多い。三千家ばかりある。耕地が少しあるが、耕作しても、食べるのには不足する。ここもまた南や北に行って交易している。

15 「大」は、『梁書』倭伝・『北史』倭国伝で「支」としており、「支」の誤りと考えるのが、一般である。一支とみて、「イキ」とよみ、壱岐島（長崎県壱岐郡）にあてるのが普通。原の辻（はるのつじ）遺跡一帯が中心。

4

又渡一海千餘里至末盧國有四千餘戸濱山海居草木茂盛行不見前人好捕魚鰒水無深淺皆沈沒取之

又た一海を渡ること千餘里、末盧《マツロ》國に至る。四千餘戸有り。山海に濱して居る。草木茂盛し、行くに前人を見ず。好んで魚鰒《ギヨフク》を捕う。水の深淺と無く、皆な沈沒して之を取る。

現代語訳

さらに海を渡って千里あまりで末盧国に到着する。[16] 四千余戸ある。山と海にはさまれて暮らしている。草木が盛んに茂っており、歩いて行くときに前を行く人を見ることができない。魚や鰒《あわび》を捕えるのが好きである。水が深くても浅くても関わりなく、みなもぐってそれを取る。[17]

16 末盧國は、佐賀県唐津市を中心とする唐津平野一帯と考えられる。松浦（まつら）川の流域で、松浦地方である。松浦と末盧は通じる。菜畑（なばたけ）遺跡・桜馬場（さくらのばんば）遺跡・宇木汲田（うきくんでん）遺跡などが知られる。

17 『翰苑』注所引『魏略』では、「人、善く魚を捕う。能く水に浮没して之を取る」とある。沈没して採るのは、もぐり漁法であり、特に深い場合は、海女よりは、海士の仕事である。

5

東南陸行五百里到伊都國官曰爾支副曰泄謨觚柄渠觚有千餘戸世有王皆統屬女王國郡使往來常所駐

東南のかた陸行すること五百里にして伊都《イト》國に到る。官を爾支《ニキ》と曰い、副を泄謨觚《セツボコ》・柄渠觚《ヘイキヨコ》と曰う。千餘戸有り。世々王有るも、皆な女王國に統屬す。郡使往來するに常に駐まる所なり。

現代語訳

東南に向かって陸路を五百里行けば、伊都国に到着する。[18] 官を爾支といい、副官を泄謨觚・柄渠觚という。千余戸ある。[19] 代々、王がいるが、みんな女王国に統属してきた。[20]〔帯方〕郡からの使者が往来するとき、いつもとどまるところである。[21]

18　**伊都国は、現在の福岡県糸島市。糸島の「イト」が「伊都」に通じる。『古事記（こ**

じき)』では「伊斗」、『日本書紀』その他では「怡土」、『筑紫国風土記』では「逸都」とある。糸島の「シマ」は、志摩で、志摩町に対応する。三雲・井原・平原遺跡が知られる。

19『翰苑』註所引「魏略」には「戸万余」とあり、奴国と比較しても、そちらが正しいのではないか。

20『後漢書』倭伝に「安帝永初元年、倭国王帥升等、生口百六十人を獻じ、請見を願う」とある倭国王帥升は伊都国王とみられている。

21ここに駐留しそれから先にはいかなかった、ととらえる意見がある。つまり使者は、邪馬台国には行っていない、という意見である。しかし、少なくとも「親魏倭王」の冊封使(さくほうし)が、ここまで来て邪馬台国に行かなかった、ということはあり得ない。任務としては、邪馬台国女王に直接、制書と金印紫綬を授ける必要があったのであり、冊封の記録がある以上、任務を遂行せずに帰ったと考えることはできない。邪馬台国まで行く使者が、ここに滞在したとすれば、それはここがこの地域の中心のひとつであり、かつ邪馬台国まではまだ相当の距離があって、ここでいったん休息をとる、というような意味合いがあったものと考えられる。なおそのこともあって、伊都国から先は、すべて伊都国を基点にした方位・距離であるとみる主張があるが（放射式読み方）、記述の違い（距離が先か到着地が先か）をもとに放射式に読もうとするのは無理がある。

6

東南至奴國百里官曰兕馬觚副曰卑奴母離有二萬餘戸東行至不彌國百里官曰多模副曰卑奴母離有千餘家南至投馬國水行二十日官曰彌彌副曰彌彌那利可五萬餘戸

東南のかた奴《ナ》國に至ること百里。官を兕馬觚《ジバコ》と曰い、副を卑奴母離と曰う。二萬餘戸有り。

東のかた行きて不彌《フミ》國に至ること百里。官を多模《タモ》と曰い、副を卑奴母《ヒナモ》離《リ》と曰う。千餘家有り。南のかた投《ツ》馬《マ》國に至ること水行して二十日。官を彌彌《ミミ》と曰い、副を彌彌那利《ミミナリ》と曰う。五萬餘戸可りなり。

現代語訳

東南に向かって百里行けば、奴国に到着する。[22] 官を兕馬觚といい、副官を卑奴母離という。二万余戸ある。

東に向かって百里行けば、不弥国に到着する。[23] 官を多模といい、副官を卑奴母離という。千余家ある。

南に向かって水路を二十日行けば投馬国に到着する。[24] 官を弥弥といい、副官を弥弥那利という。およそ五万余戸ある。

22　現在の福岡県春日市を中心とする福岡平野の一帯にあたる。かつての「那珂郡」(『和名抄』)であり、『日本書紀』には「儺県」とある。須玖岡本遺跡が、その中心と考えられる。

23　不弥国の位置について、古くから筑前国糟屋郡の宇美(博多湾岸)にあてる意見が大勢を占めていたが、奴国から東に百里ということで、現在の春日市の須玖岡本から、約四三㎞の地点に求めなければならない。福岡県飯塚市の立岩遺跡を中心とする地方でよかろう。

24 投馬国は、大きく九州説と、中国地方説とにわかれる。九州説をとるのは、邪馬台国九州説論者が多く、中国地方説をとるのは、邪馬台国近畿説論者が多い。つまり、投馬国の比定は、邪馬台国の位置比定と大きく関わっているのである。「水行二十日」という点を重視し、九州以外に求めるとすれば、中国地方ということになる。そこから邪馬台国まで「水行十日」である点と対比すれば吉備（きび）地方が妥当であろう。

⑦

南至邪馬壹國女王之所都水行十日陸行一月官有伊支馬次曰彌馬升次曰彌馬獲支次曰奴佳鞮可七萬餘戸

南のかた邪馬壹（臺）國に至る。女王の都する所なり。水行すること十日。陸行すれば一月。官に伊支馬《イキマ》有り、次を彌馬升《ミマショウ》と曰い、次を彌馬獲支《ミマワキ》と曰い、次を奴《ナ》佳鞮《カテイ》と曰う。七萬餘戸可《ばか》り。

現代語訳

南に向かえば邪馬台国に到着する。[25] 女王が都するところである。[26] 水路を十日行けば到着する。もし陸路をとるならば一月かかる。[27]〔邪馬台国の〕官に伊支馬があり、次を弥馬升といい、次を弥馬獲支といい、次を奴佳鞮という。およそ七万余戸ある。

25 『魏志』のテキストとして現存最古の南宋・紹熙本をはじめ、通行の諸版本は一様に、「邪馬壹国」と記しており、特に明・南監本は「邪馬一国」としている。しかし、これら諸版本よりも古くに成立した、多くの歴史書には、「臺」字が用いられている。『後漢書』倭伝・『北史』倭国伝には「邪馬臺国」とあり、『梁書』倭伝に「祁馬臺国」、『太平御覧』所引『魏志』に「耶馬臺国」とある。また『隋書』倭国伝は、「邪靡堆に都す。則ち『魏志』に所謂る邪馬臺なる者なり」としている。これらによれば、ほんらいは「邪馬臺国」とあったと考えてもおかしくない。『三国志』には、実際に、「臺」を「壹」に誤ったと考えられる例がある。呉の孫堅の兄羌の字が「聖壹」となっているが、堅の字が文臺、弟静の字が幼臺であることからすれば、羌も聖臺がほんらいではないかとみられる（白崎昭一郎）。従って、ほんらい「聖臺」とあるべきものを「聖壹」と誤ったものと考えられる。以上のような点から、「邪馬壹国」は、ほんらい「邪馬臺国」とあったと考えることができ、『三国志』の版本か、そのもとになった写本が誤ったのであると考えてよい。

26　邪馬台国は、女王の都であり、女王卑弥呼は邪馬台国の女王というわけではない（可能性がないわけではないが）。

27　水行十日に加えて陸行一月かかる、と理解することもあるが、「水行十日。陸行すれば一月」と読む。「水行」で「十日」で行くことができる距離を、「陸行」では「一月」もかかるのはアンバランスすぎるという批判もあるが、条件によって十分にありうる差である。

8

自女王國以北其戸數道里可得略載其餘旁國遠絶不可得詳

女王國より以北は、其の戸數道里、得て略載すべきも、其の餘の旁國《ボウコク》は遠絶にして得て詳らかにすべからず。

現代語訳

女王国より以北は、その戸数・道里をおよそ記すことができるが、そのほかの周囲の国々は遠絶で、詳述することができない[28]。

28　女王国とは、女王の都する邪馬台国にほかならない。ここで「以北」とするのは、不弥国の「南」の投馬国、その「南」の邪馬台国、というように述べてきた行程の「南」と対するものであり、すなわち投馬国までの諸国を指すといえる。当然、「南」の場合と同じく、現実の「北」を指すとは限らない。なおここまでみられる方位、特に投馬国・邪馬台国に至る「南」であるが、これを「東」字の誤りとみることもある。

しかしそれは安易にすぎる。ただし「南」という文字に、現在の精確な方位としての真「南」のみならず、現実の「東」に近いような意味も含んでいたことは、少なくとも、倭人伝の表記法を通しても、確認できる。例えば末盧国から伊都国へは「東南」とあるが、唐津の柏崎から糸島の三雲へはむしろ「東北」とすべきであり、真「東南」からしても七十八度ほどの誤差がある（西本昌弘）。そのような許容範囲を含めて受け取るべきである。従って、「南」とあることを通して、現実の「南」にばかり限定して考えるのは、方法的におかしい、ということになる。「南」と書かれていること自体は、そのとおり認め、ただその意味する方位が、実際には真南を含めて、東に近い範囲まで許容する、という態度でなければならない。

9

次有斯馬國次有巳百支國次有伊

次に斯馬《シマ》國《コク》有り。次に巳《シ》百《ヒヤク》支《シ》國《コク》有り。次に伊邪《イヤ》國《コク》有り。次に都支《トキ》國《コク》有り。次に彌奴《ミナ》國《コク》有り。次に好古都國有り。次に不呼《フコ》國《コク》有り。次に姐奴

邪國次有都支國次有彌奴國次有好古都國次有不呼國次有姐奴國次有對蘇國次有蘇奴國次有呼邑國次有華奴蘇奴國次有鬼國次有爲吾國次有鬼奴國次有邪馬國次有躬臣國次有巴利國次有支惟國次有烏奴國次有奴國此女王境界所盡

國有り。次に對蘇國《タイソコク》有り。次に蘇奴國《ソナコク》有り。次に呼邑國《コユウコク》有り。次に華奴蘇奴國《カナソナコク》有り。次に鬼國《キコク》有り。次に爲吾國《イゴコク》有り。次に鬼奴國《キナコク》有り。次に邪馬國《ヤマコク》有り。次に躬臣國《キユウシンコク》有り。次に巴利國《ハリコク》有り。次に支惟國《キイコク》有り。次に烏奴國《オナコク》有り。次に奴國《ナコク》有り。此れ女王の境界の盡くる所なり。

現代語訳

次に斯馬国がある。次に巳百支国がある。次に伊邪国がある。次に都支国がある。次に弥奴国がある。次に好古都国がある。次に不呼国がある。次に姐奴国がある。次に対蘇国がある。次に蘇奴国がある。次に呼邑国がある。次に華奴蘇奴国がある。次に鬼国がある。次に為吾国がある。次に鬼奴国がある。次に邪馬国がある。次に躬臣国がある。次に巴利国がある。次に支惟国がある。次に烏奴国がある。次に奴国がある。これは女王の境界が尽きるところである。[29]

29　この二十一国が「其の餘の旁国」にあたる。「旁国」とは、旁（かたわ）らの国、ということであり、邪馬台国の旁国と考える必要があるから、邪馬台国の周囲の国々ということになる。それらが「遠絶」であるというのは、魏・帯方郡からそうであるということで、すなわち邪馬台国も遠絶であることになる。

10

其南有狗奴國男子爲王其官有狗古智卑狗不屬女王自郡至女王國萬二千餘里

其の南に狗奴《クナ》國有り。男子、王爲《た》り。其の官に狗古智卑狗《クコチヒク》有り。女王に屬さず。

郡より女王國に至ること萬二千餘里。

現代語訳

その南に狗奴国がある。男子が王となっている。その官に狗古智卑狗がある。女王には属さない。[30]

〔帯方〕郡から女王国に至るまで、〔あわせて〕万二千余里ある。[31]

30　狗奴国の位置は、「其南」であるが、「其」にあたるのは、直前にみえる「女王の境界の尽くる所」の「奴国」を指すか、「女王の境界」を指すか、意見のわかれるところである。伊都国・不弥国・投馬国と順次、邪馬台国へすすんできて、その次に「旁国」があり、その次に狗奴国が登場するのであるから、大きくは邪馬台国の「南」と考えてよい。具体的な位置は、邪馬台国・奴国などの位置比定に制約されることになる。

31　この数値が、①それ自体として得られた情報であるのか、②それとも計算によって机上で得られたにすぎないのか、③同じく机上ながら独自の地理観・位置観から求められたのか、意見がわかれる。帯方郡から不弥国まで、それぞれの里数を単純に積み重ねれば、一万七百里になる。②の計算という場合、そこから先の水行・陸行の日数で書かれたものを換算した、ということになる。③は、倭に対する「会稽東冶の東」

というような位置観から求められたということである。特に③のような場合には、その数値はまったく意味をもたないことになる。

11

男子無大小皆黥面文身自古以來
其使詣中國皆自稱大夫夏后少康
之子封於會稽斷髮文身以避蛟龍
之害今倭水人好沈沒捕魚蛤文身
亦以厭大魚水禽後稍以爲飾諸國
文身各異或左或右或大或小尊卑
有差

男子、大小と無く皆黥面《ゲイメン》・文身《ブンシン》す。古えより以來、其の使、中國に詣《いた》るに皆な自ら大夫と稱す。夏后《カコウ》少康《ショウコウ》の子、會稽《カイケイ》に封ぜらるるや、斷髮文身し以て蛟龍《コウリユウ》の害を避く。今、倭の水人、好んで沈沒し魚蛤《ギョコウ》を捕う。文身し亦《ま》た以て大魚水禽を厭《はら》う。後ち稍《や》や以て飾と爲せり。諸國、文身するに各々異なり、或いは左に、或いは右に、或いは大、或いは小なり。尊卑、差有り。

現代語訳

男子は、大小に関わりなくみな顔や身体にいれずみをしている。[32]昔から、その使者が、中国にやってくるときにみな自ら大夫と称した。[33]夏后少康の子が、会稽に封ぜられると、髪を切り、いれずみをして蛟龍の害を避けた。[34]今、倭の水人は、好んで海に入って魚・蛤を採っている。〔その時に〕いれずみをして大魚や水禽を避けるのである。[35]その後、しだいに飾りとするようになった。諸国では、身体にいれずみをするのにそれぞれ差異がある。あるものは左、あるものは右、あるものは大きく、あるものは小さく。その尊卑にもそれぞれ差がある。

32　黥面とは、顔にいれずみすること、文身とは、身体にいれずみすることをいう。「大小と無く」を、大人もこどもも区別無く、と理解することもあるが、世界的にいれずみの習俗をみると、成人式の通過儀礼に関連して施されることが多く、こどももしていた、とみるのは難しい。身分の上下とみる見解がある。

33　「自ら称す」とあるが、自称とは、そのとおり、自分で称するという意味でもあるが、厳密には中国王朝（この場合は魏）が認めたものではなく、勝手に称するもの（私署）を、そのように表現する。

34 夏后は夏后氏。禹の国号で、禹が夏伯に封ぜられたあと、天子となったため、国号を夏とし、また夏后氏ともいう。少康は、夏の王で、第六代の王である相の子。相が殺されたあと、王統が四十年中絶したが、少康が中興した。『史記』越世家に「越王勾践、其の先、禹の苗裔にして、夏后小康の庶人なり。會稽に封ぜられ、以て禹の祀を守り、文身し斷髪し、草莱を披きて焉に邑す」とある。これによれば、夏后少康の子で、会稽に封ぜられたのは、越王の祖ということになる。倭人の文身は、このように中国江南の文化に通じるものがあった。そのため、会稽に東にあるというような地理観が生じたのであろう。

35 当時は水中に蛟龍や魔物が棲んでいると信じられていたので、水中の王である龍子の文身をすれば、魔物が恐れて近寄らないと考えた。

12

計其道里當在會稽東治之東其風
俗不淫男子皆露紒以木緜招頭其
衣横幅但結束相連略無縫婦人被
髮屈紒作衣如單被穿其中央貫頭
衣之

其の道里を計るに當《まさ》に會稽・東治（冶）の東に在るべし。其の風俗、淫ならず。男子は皆な露紒《ロケイ》し、木緜《モクメン》を以て頭に招《か》く。其の衣は、横幅《オウフク》にして但だ結束し相連らね、略《ほ》ぼ縫うこと無し。婦人は被髪屈紒《クッケイ》す。衣を作ること單被《タンピ》の如く、其の中央を穿ち、頭を貫きて之を衣《き》る。

現代語訳

その行路の里数を計算すると、〔倭国は〕とうぜん、会稽や東治（冶）の東にあることになる。[36]

その風俗は、乱れていない。男子はみなかぶりものをつけず、木緜を頭にまいている。衣服は、横幅衣で、ただ結んで連続させているだけで、ほとんど縫っていない[37]。婦人は髪を結っているが、露出させている。衣は夜具の布のようで、その中央に穴をあけて、そこから頭を出して着る[38]。

36 会稽は、会稽郡で、その郡治は、山陰県。現在の浙江省紹興市にあたる。北緯三〇度に位置する。東治は、東治の誤りとみるのが一般であり、東治ならば、建安郡の一地名と考えられる。現在の福建省福州市にあたる。ほぼ北緯二六度に位置する。この記事をとおして、倭国の位置を、北緯二六～三〇度のあたりと計算していたことがうかがえる。

37 横幅衣は、布の長辺を横方向にして身体に巻く衣服と解釈することが多いが、そもそも横幅衣といっても、いろいろな衣服があり、横一幅で、長辺を横にして使う場合もあるものの、腰巻き風に腰より下だけを覆ったものや、また横布二幅・横布両幅というように、貫頭衣に近いものもある。『山海経』には、「倭国、帯方の東の大海の内に在り。女を以て主と爲す。其の俗露紒し、衣服は針功無く……」とあり、縫製しないことを記している。日本固有の衣服、ことに神事用の衣服は、裁縫を要しないものがあったことは確かで、記録にも散見する。

38　被髪は、かんむりをつけず、髪を振り乱すこと。屈紒は、髪を結うこと。単被は、ひとえの夜具。貫頭衣は、二枚の布を縦につなぎ、それを折って、穴をあけるかたちのものと推定される。

13

種禾稲紵麻蠶桑緝績出細紵縑緜其地無牛馬虎豹羊鵲兵用矛楯木弓木弓短下長上竹箭或鐵鏃或骨鏃所有無與儋耳朱崖同倭地温暖冬夏食生菜皆徒跣有屋室父母兄弟臥息異處以朱丹塗其身體如中國用粉也食飲用籩豆手食

禾稲《カトウ》・紵麻《チヨマ》を種《う》え、蠶桑もて緝《シユウ》績《セキ》し、細紵・縑緜《ケンメン》を出だす。其の地、牛・馬・虎・豹・羊・鵲《セキ》無し。兵は矛・楯・木弓《きゆみ》を用う。木弓は下に短かく上に長し。竹箭《チクセン》に或いは鐵鏃或いは骨鏃。有無する所は儋耳《タンジ》・朱崖《シユガイ》と同じ。倭の地温暖にして、冬・夏、生菜を食す。皆な徒跣《トセン》す。屋室有るも、父母兄弟臥息するに處を異にす。朱丹を以て其の身體に塗る。中國の粉を用うるが如き也。食飲には籩豆《ヘントウ》を用い手食す。

現代語訳

稲《いね》や紵麻を植え、蚕のまゆをあつめて織り、細い麻糸・絹織物・綿織物を作っている。

その地には、牛・馬・虎・豹・羊・鵲《かささぎ》がいない[39]。

武器には矛・楯・木弓を用いる。木弓は下を短くし、上を長めにする。竹の矢がらに鉄のやじり、または骨のやじり［を用いる］。

もののあるなしは、儋耳・朱崖と同じである[40]。

倭の地は温暖で、冬・夏には、生野菜を食べる。みなはだしである。部屋はあるが、父母兄弟は寝るところが異なる。

朱丹をからだに塗っている。中国で粉を用いているようなものである[41]。

飲食には高杯を用い、手で食べる[42]。

39 牛・馬が当時すでにいたことは確かであるから、見聞や伝聞上の問題があろう。

40 現在の海南島を中心とした地域にあたる。『後漢書』倭伝では「其の地、大較（おおむね）會稽・東冶の東に在り、朱崖・儋耳と相近し。故に其の法俗、多く同じ」としている。

41 『日本書紀』巻二の一書にホノスセリノミコト（火酢芹命）が、赭（あかつち）を掌や顔に塗ったとあり、人物埴輪にも、身体塗色が男女ともにおこなわれていたことは明らかである。東南アジアに身体・顔面の塗色がみられ、東南アジア的な習俗とみる意見もある。

42 豆は高杯で、高い台の上に皿や鉢をのせた形の器をいう。籩は竹製。籩豆でまとめて、高杯と考えればよい。手食であるが、古墳時代に箸を使った証拠はまだないようである。

14

其死有棺無槨封土作冢始死停喪
十餘日當時不食肉喪主哭泣他人
就歌舞飲酒巳葬擧家詣水中澡浴
以如練沐

其の死には棺有れども槨無し。土を封じて冢《チヨウ》を作る。始め死するや停喪《テイソウ》すること十餘日。時に當たり肉を食らわず。喪主哭泣し、他人、就きて歌舞・飲酒す。巳（已《すで》）に葬るや、家を擧げて水中に詣り澡浴《ソウヨク》し、以て練沐《レンモク》の如くす。

現代語訳

死んだときには〔葬るのに〕棺はあるが、槨はない。土を積み上げて冢（塚）を作る。死んだ当初に、十余日間、もがりをする。そのときには肉を食べない。喪主は大声で泣き、他の人たちは、行って歌い舞い、飲酒する。葬りおわると、家中総出で、水中に行って洗い清め、練沐のようにする。[43]

43 支石墓や甕棺墓がそれ以前にみられ、石棺墓・土壙墓などがあった。棺はあったが、椁（かく）がまったくなかったわけではなく、石椁などが存在する。また封土があるものは、墳丘墓を指すのであろう。「停喪」は、文字に即していえば、喪に服することをやめることである。しかし文脈からすれば、もがりをすることのようである。

15

其行來渡海詣中國恒使一人不梳頭不去蟣蝨衣服垢汚不食肉不近婦人如喪人名之爲持衰若行者吉善共顧其生口財物若有疾病遭暴害便欲殺之謂其持衰不謹出眞珠青玉

其の行來し、海を渡りて中國に詣《いた》るには、恒に一人をして頭を梳《くしけず》らず蟣蝨《キシツ》を去らず、衣服垢に汚れ、肉を食らわず、婦人を近づけず、喪人の如くせしむ。之を名づけて持衰《ジサイ》と爲す。若し行く者吉善ならば、共に其れに生口・財物を顧《あた》う。若し疾病し暴害に遭うこと有らば、便ち之を殺さんと欲す。其の持衰謹まざりしと謂《おも》えばなり。眞珠・青玉を出だす。

現代語訳

往来するとき、海を渡って中国に行く場合には、いつも一人の人に、髪をとかず、しらみをしりぞけず、衣服が垢で汚れるままにし、肉を食べず、婦人を近づけず、喪に服している人のようにしておく。それを持衰とよぶ。もし行く者が安全であれば、持衰に生口（奴婢）や財宝を贈る。もし病気になったり、暴風の害にあうことがあったならば、すぐにそれを殺そうとする。その持衰が謹まなかったためだと思うからである。[44]
真珠と青玉を産出する。[45]

44 持衰は、よく知られた有名な習俗である。いっしょに船に乗っていったという理解もあるが、地上に残って、種々のタブーを守って、安全を祈っていたという考えもある。

45 真珠は南方産の代表的な物資である。これまでの出土例は、九州に多い。邪馬台国の位置を追究する上でも一つの史料となる可能性があるという意見もあるが、どうであろうか。

16

其山有丹其木有柟杼豫樟楺櫪投
橿烏號楓香其竹篠簳桃支有薑橘
椒蘘荷不知以爲滋味有獮猴黒雉

其の山に丹有り。其の木に柟《ゼン》・杼《ショ》・豫《ヨ》樟《ショウ》・楺《ジュウ》・櫪《レキ》・投・橿《キョウ》・烏《ウ》號《ゴウ》・楓香《フウコウ》有り。其の竹は篠《ショウ》・簳《カン》・桃支《トウシ》。薑《キョウ》・橘《キツ》・椒《ショウ》・蘘荷《ジョウカ》有るも、以て滋味を爲すを知らず。獮《ビ》（獼）猴《コウ》・黒雉有り。

現代語訳

その山には丹がある。[46]
その木には柟・杼《とち》・豫樟《くすのき》・楺《ぼけ》・櫪《くぬぎ》・投《すぎ》・橿《かし》・烏号《やまぐわ》・楓香《かえで》がある。
その竹には篠《しのだけ》・簳《やだけ》・桃支《かづらだけ》がある。また薑・橘・椒・蘘荷《しょうがたちばなさんしょうみょうが》があるが、滋味がある〔食物として利用する〕ことを知らない。獮猴《おおざる》・黒雉がいる。[47]

46 丹と朱とは混用されることがあるが、ここにみえる丹は、山に産する赤土を指す。

47 猴は、南監本・武英殿本などで「猿」になっている。それをもとに、獮（＝獮猴）と猿とをわける考えもある。猿は、手長猿を指しており、獮猴は日本猿とみられる。しかしここは一括して、猿類を概言したものとみるべきである。『抱朴子』『禽経』などによれば、黒雉は、白雉とともに、南方の産として知られていたことがわかる。

17

其俗擧事行來有所云爲輒灼骨而卜以占吉凶先告所卜其辭如令龜法視火坼占兆其會同坐起父子男女無別人性嗜酒【魏略曰其俗不知正歳四節但計春耕秋收爲年紀】見大人所敬但搏手以當跪拜

其の俗、擧事・行來するに云爲《ウンイ》する所有らば、輒《すなわ》ち骨を灼《や》いて卜《ボク》して以て吉凶を占い、先に卜する所を告ぐ。其の辭、令龜法の如し。火坼《タク》を視て、兆を占う。其の會同・坐起するに、父子男女別無し。人、性として酒を嗜《たしな》む【魏略に曰わく、其の俗、正歳《セイサイ》・四節《シセツ》を知らず、但だ春耕・秋收を計りて年紀と爲せり、と】。大人・

所敬を見れば、但だ手を搏《う》つのみにして以て跪拝するに當てる。

現代語訳

その習俗では、行事や往来する際に、何かあれば、そのたびに骨を焼いて占卜をおこなって吉凶を判断し、あらかじめその結果を伝える。そのことばは、〔中国の〕命亀の法と同じである。ひびを視て、兆候を占うのである。[48]集会や立ち居振る舞いのときには、父子男女の区別はない。人々は本性として酒が好きである【魏略には次のようにある。その人々は、正月や季節を知らず、ただ春の耕作や秋の収穫をめやすにして年紀にしている[49]】。首長や尊敬すべき人に会えば、ただ拍手するだけで、跪づいて拝礼するかわりにしている。

48　動物の骨を用いた占卜の習俗については、殷の甲骨文字（卜辞）で知られる、亀の腹甲や牛・羊の肩胛骨に穴をあけ、火をあててヒビの状況をみる方法が有名であるが、東北アジア・朝鮮半島にもみられ、日本でも、多くの実例が知られている。

49 一年を二年として計算したと解することがあるが、それは無理である。一年を農耕期間で代表させるのみである。

18

其人壽考或百年或八九十年其俗國大人皆四五婦下戸或二三婦婦人不淫不妬忌不盗竊少諍訟其犯法輕者沒其妻子重者沒其門戸及宗族尊卑各有差序足相臣服

其の人、壽考にして、或いは百年、或いは八九十年。其の俗、國の大人、皆な四五婦。下戸は或いは二三婦。婦人淫せず、妬忌せず。盗竊せず、諍《ソウ》訟少し。其れ法を犯すに、輕き者は其の妻子を沒し、重き者は其の門戸及び宗族を沒す。尊卑各々差序有り、相臣服するに足る。

現代語訳

その人々は長寿で、百歳のこともまたは八、九十歳になることもある。その習俗では、国の大人（首長）たちはみな四、五人の妻をもつ。下戸（一般の民）でも二、三人の妻をもつものがいる。[50] 婦人は淫せず、嫉妬することもない。盗みをせず、訴訟も少ない。法を犯すものがいると、軽い場合にはその妻子を没収し、重い場合にはその家族や一族全員を没収する。尊卑にはそれぞれ序列があり、たがいによく服従する。

50 『魏志』東夷伝では、倭人伝以外に、夫餘・高句麗・濊・韓各伝にも下戸がみえる。一般の民を指している。

19

収租賦有邸閣國國有市交易有無

租賦を収め、邸閣《テイカク》有り。國國に市有り、有無を交易す。大倭をして之を監せしむ。女王國より以北には、特に一大率《イチダイソツ》を置き、諸國を検察せし

使大倭監之自女王國以北特置一大率檢察諸國畏憚之常治伊都國於國中有如刺史王遣使詣京都帶方郡諸韓國及郡使倭國皆臨津搜露傳送文書賜遺之物詣女王不得差錯下戸與大人相逢道路逡巡入草傳辭說事或蹲或跪兩手據地爲之恭敬對應聲曰噫比如然諾

む。〔諸國、〕之を畏れ憚る。常に伊都國に治す。國中に於ては刺史が如き有り。王、使を遣わし京都・帶方郡・諸韓國に詣《いた》らしむるに、及び郡の倭國に使するに、皆な津に臨み捜《ソウ》露《ロ》し、文書を傳送《デンソウ》し、賜遺《シイ》の物を女王に詣らしむるに、差錯《ササク》するを得ざらしむ。下戸、大人と道路に相逢えば、逡巡《シュンジュン》して草に入る。傳辭說事するに或いは蹲《うずくま》り、或いは跪《ひざまず》き、兩手は地に據りて之が恭敬と爲す。對應するの聲を噫《あい》と曰う。比するに然諾の如し。

現代語訳

租税や賦を徴収し、〔それを納めておく〕倉庫がある。[51] 国々には市があり、そこにとれるものやとれないものを交易している。大倭にそれを監督させている。[52]

女王国より以北には、特に一大率を置いて、諸国を検察させている。〔諸国では〕それをおそれはばかっている。〔一大率は〕いつも伊都国を治所にしている。国のなかで、〔中国の〕刺史のような役割をしている。王が使者を京都（洛陽）・帯方郡・諸韓国に派遣したり、または郡から倭国に使者が派遣されたときに、いつも港に出向いて捜索し、文書を〔魏や帯方郡・諸韓国などに〕伝送したり、賜わり物を女王のもとにとどけるのに、まちがいがないようにした。[53]

下戸が道路で大人と逢ったときには、後ずさりをして草の中に入る。言葉を伝えたり説明するときには、うづくまったり、ひざまずいたりして、両手は地面について、恭敬の意を示す。答えるときには「噫《あい》」という。中国で、

「然諾」（わかりました）というのと同じである。

51　邸閣は、ほんらいの語義としては貯積用の大倉庫であるが、『三国志』では、倭人伝以外はみな、大規模な軍用倉庫を指しており、倭人伝も同様にみるべきである。東夷伝には、倉庫についての記述が多くみられる。夫餘伝には「宮室・倉庫・牢獄有り」とあり、高句麗伝には「大倉庫無く、家家に自ら小倉有り。之を名づけて桴京と爲す」とある。この「京」は、「椋」とも書いて、「クラ」と読む。高床の倉庫とみられる。

52　倭人中の大人、邪馬台国の設置した官、ヤマト朝廷、などの説がある。ヤマト朝廷とみるのは、のちに「大和」が「大倭」と表記されることもあり、それを根拠にする場合もあるが、それとは無関係であろう。主語が問題にされることがあるが、前の「租賦を収め」同様で、省略されているだけである。単なる市場監督官について記したものととらえればよい。

53　一大率の性格をめぐっては議論がわかれている。その問題の中心は、一大率を派遣した主体についてである。かつては邪馬台国が派遣した、というみかたが一般的であったが、「大倭」とする説や、帯方郡からとみる説などがあらわれている。邪馬台国近畿説では、ヤマト朝廷ではなく邪馬台国派遣とみる意見が主流であり、九州論者でも邪馬台国派遣とみるのが多い。帯方郡派遣説は問題にならない。

20

其國本亦以男子爲王住七八十年
倭國亂相攻伐歴年乃共立一女子
爲王名曰卑彌呼事鬼道能惑衆年
巳長大無夫壻有男弟佐治國自爲
王以來少有見者以婢千人自侍唯
有男子一人給飲食傳辭出入居處
宮室樓觀城柵嚴設常有人持兵守
衛

其の國、本《も》と亦た男子を以て王と爲す。住《とど》まること七八十年、倭國亂れ相《あい》攻伐すること年を歴。乃ち共に一女子を立てて王と爲す。名づけて卑彌呼《ヒミコ》と曰う。鬼道《キドウ》に事《つか》え能く衆を惑わす。年巳（已）に長大たるも夫《フ》壻《セイ》無し。男弟有り、佐けて國を治す。王と爲りてより以來、見ること有る者少し。婢千人を以て自ら侍せしむ。唯だ男子一人有り、飲食を給し、辭を傳え、居處に出入す。宮室・樓觀

は、城柵もて厳かに設け、常に人有り、兵を持ちて守衛す。

現代語訳

その国も、もとは男子を王としていた。[54] そうした状態が七、八十年間つづいたあと倭国が乱れ、お互いに攻撃しあうようになり、何年かすぎた。[55] そこで〔諸国は〕共同して一人の女子を立てて王にした。[56] その名は卑弥呼という。[57] 鬼神をまつることをなりわいとし、人々を惑わせる能力があった。[58] すでに大きく年をとっていたが、夫はいなかった。ただ弟がいて、国を治めるのを助けた。[59] 王になってから、〔卑弥呼に〕会ったものはほとんどいなかった。侍女千人をはべらせていた。男子はただ一人だけいて、飲食物を運んだり、ことばをつたえたりするために、居処に出はいりすることがあった。宮室・楼観は、城壁や木柵で厳重にしており、常に武器を持って守る人がいた。[60]

54　**倭国のなかで、魏代以前に、王の存在が知られるのは、「漢委奴国王」金印にみえ**

る「委奴国王」と、『後漢書』にみえる「倭国王帥升等」のみである（『漢書』王莽伝に「東夷の王」がみえるが）。『魏志』では、卑弥呼・台与以外に、王が存在したことを記すのは、伊都国と「男王卑弥弓呼」の狗奴国とである。狗奴國は女王に属さず、倭国から除外される。倭国とよばれる範囲に限れば、伊都国しかないことになる。

55「住七八十年」は、「住まること七八十年」と読んで、そうした状態にとどまることが七、八十年、と理解するのが一般的であるが、「往くこと七八十年」（「住」は「往」の誤りとする）と読んで、今から七、八十年前に、という理解、あるいは読みは不明ながら、同様に理解する意見もある（「往」であれば、さきに・かつて、という意味もある）。今から、という場合、いつを起点にするかが問題であるが、陳寿の執筆した二八〇年代を起点にすれば、七、八十年前は、三世紀の初めということになる。いっぽう、前者のような理解の場合の起点は、もとは男子を王としていた、という時期に求めるしかない。確認できる、以前の男王の時代は、一〇七年を前後する時期ということになる。そこで、一〇七年を起点にすれば、七、八十年経過した時期は、およそ二世紀の後半、一八〇年前後ということになる。『魏志』以後の史書には「乱」の年代をより限定して記すものがある（『梁書』倭伝の「漢の霊帝光和中」など）。ただしそれら後代の史書の年代は、新たな史料をもとにしての記事ではなく、『魏志』から案出された年代とみる意見が有力である。

56　「共立」の語は、東夷伝でも、夫餘・高句麗においてみられ、特異な語ではない。そこでは、ほんらい順当に即位すべき人とは異なる人が即位するときに「共立」されているようである。その主体は、「諸加」「国人」であった。卑弥呼の場合、乱の収拾がつかないために、順当ではない「一女子」が「共立」されたということであるが、主体がだれか主語が記されていない。一般には倭の諸国の王が、とみる。

57　卑弥呼の読み方としては、古くより、ヒミコとヒメコの二つがあった。また神功皇后にあてる考えは、まず『日本書紀』にみられるが、松下見林・新井白石などもそれに従っており、内藤湖南（ないとうこなん）のように、神功皇后以外に求める意見もある。笠井新也は、孝霊天皇か孝元天皇のむすめとされる倭迹迹日百襲姫（やまととひももそひめ）にあて、安本美典は、天照大神（あまてらすおおみかみ）にあてている。卑弥呼に対するイメージは、人によって大きく異なる。

58 鬼道をシャーマニズムとみるか道教とみるかで意見がわかれている。後漢において教団道教が成立し、倭でもその影響を受けていたことは十分に考えられるが、それが社会に浸透し、道教的職能者として信望を得ていたとは考えにくい。

59 倭人伝には邪馬台国の王が登場しないが、あるいは弟がそうであるかも知れない。世俗的な面を分担していたとも考えられる。

60 この箇所については、「居処・宮室・楼観」というように、「居処」も含めて並列的に読み、居処と宮室とはそれぞれ別個のものであるとする意見もあるが、この時代に、ふだんの居処と宮室とが区別されていたとは考えにくい。また、「居処には、宮室・楼観あり……」というように、下につづける読み方もあるが、その場合は、ここでの読みと大差はない。

21

女王國東渡海千餘里復有國皆倭
種又有侏儒國在其南人長三四尺
去女王四千餘里又有裸國黒齒國
復在其東南船行一年可至參問倭
地絶在海中洲島之上或絶或連周
旋可五千餘里

女王國の東、海を渡ること千餘里にして復た國有り。皆な倭種なり。又た侏儒《シュジュ》國の其の南に在る有り、人の長《たけ》三四尺なり。女王を去ること四千餘里。又た裸國・黒齒國の復た其の東南に在る有り。船行すること一年にして至るべし。倭の地を參問するに、絶えて海中の洲島の上に在り。或いは絶え、或いは連らなる。周旋、五千餘里可り。

現代語訳

女王国の東には、海を渡って千余里いくと、また国があった。[61] それらもみな倭の種族であった。また侏儒国がその南にあり、人々の身長は三、四尺である。[62]女王〔国〕から四千余里離れたところにある。さらに東南には裸国・黒歯国があり、船で航行すると一年で到達することができる。

倭の地をくわしく調べたずねれば、大海の中に離れた島嶼の上にあり、離れたり連なったりしている。ぐるっとまわればおよそ五千里ほどである。[63]

61　邪馬台国近畿説の立場では、海を渡るとは伊勢の海を渡ることを指しているとみる見解が有力である。明の羅洪先『広輿図』（一五五一年頃）所載の東南海夷図には、東西に並んだ三つの大島からなる日本が描かれており、東の二島は本州を二分したものである。例えば胡宗憲『籌海図纂』（一五六二年）に引く鄭若曾の日本国図では、伊勢湾から琵琶湖にかけて深く湾入する三江という入り江により、本州がほとんど東西に二分されている。すなわち伊勢湾が琵琶湖と一続きの大海として認識され、その大海が大和の東から北に接するように描かれていた。これが原初の日本認識を示すとすれば、極めて重要な意味をもつ（西本昌弘）。

62　侏儒には、背が低い人の意と、俳優の意があるが、ここでは本文の説明から、背が低い人を指すことが明らかである。

63 周旋は、周囲を指すと見るのではなく、自ら回っていくという意味だとする意見もあるが、倭地が五千余里つづいていたという点は同じであろう。

22

景初二年六月倭女王遣大夫難升
米等詣郡求詣天子朝獻太守劉夏
遣吏將送詣京都

景初二（三）年六月、倭の女王、大夫の難升米《ナンシヨウマイ》等を遣わし郡に詣《いた》り、天子に詣り朝献せんことを求めしむ。太守劉夏、吏を遣わし、將い送りて京都に詣らしむ。

現代語訳

景初二（三）年（二三九）[64]六月、倭の女王は大夫の難升米らを帯方郡に派遣し、天子のもとに行って朝貢したいと要請した。太守の劉夏は、役人を派遣し、京都まで送らせた。

64 『翰苑』註に引く「魏志」や、『太平御覧』に引く「魏志」には、「景初三年」とある。『梁書』倭伝も「景初三年」とする。また『日本書紀』神功紀・分註に引く「魏志」にも、「明帝の景初三年」とある。『魏志』がもともと「三年」であった可能性は高い。魏が公孫氏を討滅したのは景初二年八月であったが、魏は公孫氏攻撃とは別に、楽浪・帯方の接収を直接目指しており、それは八月以前に成就したととらえることができる。そうであれば、六月に倭国が魏の帯方郡に使者を送ることも可能であったとはいえるが、現実には難しい。倭国が、魏が帯方郡接収を果たしたという情報を即時に得たとは考えにくく、得たとしても即座に使者を送ったということも考えにくい。まして魏の公孫氏攻撃はなおつづいており、都に送り届けてもらうよう要請できるような状態ではない。太守劉夏（『日本書紀』分註所引「魏志」は「鄧夏」）とあるが、魏が接収した当時の太守は劉昕であった。劉夏が劉昕と同一人物でなければ、接収した直後に太守が代わるということもまた考えにくい。倭国の使者は、景初三年に派遣されたとみるべきであり、そのように公孫氏討滅の翌年であったとしても、倭国のすばやい対応は、特筆すべきことである。

23

其年十二月詔書報倭女王曰

其の年十二月、詔書もて倭の女王に報じて曰わく、

現代語訳

その年の十二月に、〔魏の皇帝は〕詔書を下し、倭の女王に答えて言った。65

65「制詔某官」（「制詔御史」「制詔丞相御史」など）の形式ではじまる文書を制書という。制書は漢代からの制度で、魏も継承し西晋にもつづいた。ただし、記録されるときは、節略されることが多く、「制詔」の二字を残しているのは珍しい。極めて正確に親魏倭王卑弥呼宛の公文を採録していることになる。「今以某爲某官」という形式は、漢代における任命の辞令の定型で、賜物に対しても「今以某々荅汝所献貢直（今、○○を以て汝の献ぜし所の貢直に答えん）」とあるのが定型である。ところが、漢代においては、王を封建するときに用いた公文は、制書ではなく、策書（冊書）であり、制書

は九卿（中央官庁の長官）以下の任命に用いた。魏がそれを踏襲し、封王の場合に、策書を用いたことは、十分に認めることができ、そうであれば、魏は親魏倭王の任命にあたって、ふつうの国内の王を封建する際の策書ではなく、一段階下の官を任ずる制書を用いたということになる。それは、卑弥呼が、蛮夷の王であるからとみられる（大庭脩）。

24

制詔親魏倭王卑彌呼帶方太守劉夏遣使送汝大夫難升米次使都市牛利奉汝所獻男生口四人女生口六人班布二匹二丈以到汝所在踰遠乃遣使貢獻是汝之忠孝我甚哀汝今以汝爲親魏倭王假金印紫綬

親魏倭王卑彌呼に制詔《セイシヨウ》すらく、帶方太守劉夏、使を遣わし汝の大夫難升米・次使都市牛利を送り、汝の獻ぜし所の男生口四人・女生口六人・班布二匹二丈を奉じ以て到らしむ。汝の在る所、踰か遠きなるも、乃ち使を遣わし貢獻するは、是れ汝の忠孝なり。我れ甚だ汝を哀れむ。今、汝を以て親魏倭王と爲し、金印紫綬

裝封付帶方太守假授汝其綏撫種人勉爲孝順汝來使難升米牛利渉遠道路勤勞今以難升米爲率善中郎將牛利爲率善校尉假銀印青綬引見勞賜遣還今以絳地交龍錦五匹【臣松之以爲地應爲綈漢文帝著皁衣謂之弋綈是也此字不體非魏朝之失則傳寫者誤也】 絳地縐粟罽十張蒨絳五十匹紺青五十匹荅汝所獻貢直又特賜汝紺地句文錦三匹細班華罽五張白絹五十匹金八兩五尺刀二口銅鏡百枚眞珠鉛丹各五十斤皆裝封付難升米牛利還到録受悉可以示汝國中人使

を假す。裝封《ソウフウ》して帶方太守に付し、汝に假授せん。其れ種人を綏撫《スイブ》し、勉めて孝順爲れ。汝の來使難升米・牛利、遠きを渉り道路勤勞す。今、難升米を以て率善《ソツゼン》中郎將と爲し、牛利を率善校尉と爲し、銀印青授を假し、引見し勞賜して遣わし還す。今、絳地《コウチ》交龍錦五匹【臣松之以爲《おも》えらく、地應《まさ》に綈と爲すべし、と。漢の文帝、皁《ソウ》衣を著、之を弋綈《ヨクテイ》と謂う、是れなり。此の字、不體なり。魏朝の失にあらざれば、則ち傳寫者の誤りなり】絳地縐粟《スウゾク》の罽《ケイ》十張・蒨絳《センコウ》五十匹・紺青五十匹を以て汝の獻ぜし所の貢直

知國家哀汝故鄭重賜汝好物也

に荅えん。又た特に汝に紺地句文《コウモン》の錦三匹・細班《サイハン》華《カ》の罽五張・白絹五十匹・金八兩・五尺刀二口・銅鏡百枚・眞珠鉛丹各々五十斤を賜う。皆な裝封し、難升米・牛利に付さん。還り到らば録して受け、悉く以て汝が國中の人に示し、國家汝を哀れむを知らしむべし。故に鄭重に汝に好物を賜えり。

と。

現代語訳

親魏倭王卑弥呼に制詔する。帯方太守の劉夏が使者を派遣して、汝の大夫難升米・次使都市牛利を送り届け[66]、汝の献上した男の生口四人・女の生口六人・班布二匹二丈をもたらしてきた[67]。汝の住んでいるところははるか遠いところであるにもかかわらず、使者を派遣して朝貢してきたのは、まさに汝の忠孝を示すものである。わたしは汝をたいへん哀れむ。今、汝を親魏倭王とし、金印・紫綬を仮りに与えよう。それを封印して帯方太守に託し、汝に仮授する[68]。種族の人たちを安んじて、孝順につとめるようにせよ。

汝の送ってきた使者である難升米・牛利は、遠くを旅してきて途中にもおおいに苦労した。今、難升米を率善中郎将とし、牛利を率善校尉として[69]、銀印・青綬を仮授し、引見してねぎらい、下賜品を与えた上で、送らせよう。今、絳地交龍の錦五匹【わたくし松之が考えるに、「地」の字は「綈」とすべきであろう。漢の文帝が着た皁衣は、弋綈といった。それがこれである。この字のままでは体をなさない。魏朝のミスでなければ、写した人の誤りであろう】・絳地縐粟の罽十張・蒨絳五十匹・紺青五十匹を、汝が献上した貢ぎものに対する下賜品として与えよう。さらに汝には特別に紺地句文錦三匹・細班華の罽五張・白絹五十匹・金八両・五尺の刀二ふり・銅鏡百枚・真珠と鉛丹それぞれ五十斤ずつを下賜しよう。みな封をして、難升米・牛利に託そう。還りついたならば、記録して受け取り、すべてを汝の国の人々に示し、中国が汝のことを哀れんでいることを知らしめよ。そのために鄭重に汝によい品々を賜うのである。

と。

66 都市牛利については、『魏志』に四回記されているが、初回のみ都市牛利で、あとはみな牛利のみである。そのことをもとに、名は牛利のみで、都市は官名で、市を統べる官ではないかという意見がある（吉田孝）。

67 倭から中国王朝に対して、生口を献上した例としては、一〇七年の倭国王帥升らが「生口百六十人」、卑弥呼がこののち二四三年にも、また台与も献じている。生口と奴婢とは区別されて記されているから、相違点があったと考える必要があり、階層的には奴婢と同じ境遇におかれたとしても、戦いによって捕獲された非戦闘員、またはなんらかの事情によって他の権力機構に隷属させられた人たちではないか（笠井倭人）。

68 「仮」は、「真」や「正」に対するもので、それより一段階下がるものであった、という。親魏大月氏王波調の場合は、「為」されたものであり、「仮」されたものではないため、同列に考えることはできない（坂元義種）。「仮」も与えるの意味であり、仮授で、授与するという意味にしかならない、という意見もある。

69　率善（ソツゼン）は、率衆（ソッシュウ）という語と同じ用法で、四夷に与える称号である。率衆は衆を率いて中国の天子に帰順するという意味で、そのことは義に帰する（帰義）と同義である。率善も、中国に帰しようとする性の「善」なる四夷を「率」いた四夷の長の意味と解することができる。しかし「率」には循の意味があり、率善とは「善に循う」意味であるとも解され、このほうが好ましい解釈である。いずれにしても、帰服してきた蛮夷に与えた称号であることは疑いない（大庭脩）。

25　正始元年太守弓遵遣建中校尉梯

正始元年（二四〇）、太守弓遵、建中校尉梯儁等を遣わし、詔書・印綬を奉じて倭國に詣り、倭王に拜假し、並びに詔を齎らし、金帛錦罽刀

儁等奉詔書印綬詣倭國拜假倭王
并齎詔賜金帛錦罽刀鏡采物倭王
因使上表荅謝詔恩

鏡采物を賜う。倭王因りて使し、上
表し荅えて詔恩に謝す。

現代語訳

正始元年（二四〇）には、〔帯方〕太守の弓遵が、建中校尉の梯儁らを派遣し、詔書・印綬をささげもって倭国に到着し、倭王に授与し、あわせて詔書をもたらし、金・帛《しろぎぬ》・錦・罽《けおりもの》・刀・鏡・采物を下賜した。[70]そこで倭王は使者を送り、上表して詔に感謝した。[71]

70 正始元年は、制書が出された翌年であり、その制書に示されたとおり、卑弥呼を親魏倭王とする冊書・印綬および下賜品を、帯方太守を介して送り届けたものである。

71 これが次の四年の遣使と異なるならば、卑弥呼は四回使者を送ったことになる。「謝詔恩」は、南監本では「謝恩詔」となっている。

㉖

其四年倭王復遣使大夫伊聲耆掖邪拘等八人上獻生口倭錦絳青縑緜衣帛丹木𤝔短弓矢掖邪狗等壹拜率善中郎將印綬

其の四年（二四三）、倭王、復た使大夫伊聲耆《イセイギ》・掖邪拘《ヤヤコ》等八人を遣わし、生口・倭錦・絳青の縑《かとりぎぬ》・緜《メン》衣《イ》・帛《ハク》・丹・木𤝔《ボク》・短弓矢を上獻す。掖邪狗等、壹に率善中郎將の印綬を拜す。

現代語訳

その四年（二四三）、倭王はまた使者の大夫伊声耆・掖邪拘ら八人を派遣し、生口・倭錦・絳青の縑・緜衣・帛・丹・木𤝔・短弓と矢を献上した。掖邪狗らはそろって率善中郎将の印綬を受け取った。[72]

72　『魏志』斉王芳紀・正始四年条に「十二月、倭国の女王俾弥呼、使を遣わして奉献せしむ」とあり、十二月のこととわかる。『翰苑』倭国条・分注と『日本書紀』神功紀・分注にも見えるが、使者の名が少しずつ異なっている。

27

其六年詔賜倭難升米黄幢付郡假授

其の六年（二四五）、詔して倭の難升米に黄幢を賜い、郡に付して假授せしむ。

現代語訳

その六年（二四五）、詔して倭の難升米に黄幢を下賜し、郡に託して仮授させた。[73]

73　幢は、「はたぼこ」を指す。難升米に下賜されたのは、先に率善中郎将とされたことと関わるものと考えられる。このとき、難升米が魏に滞在していたということではなかろう。黄幢は、難升米に下賜されたというから、直接手渡したのであろう。

28

其八年太守王頎到官倭女王卑彌呼與狗奴國男王卑彌弓呼素不和遣倭載斯烏越等詣郡説相攻撃狀遣塞曹掾史張政等因齎詔書黄幢拜假難升米爲檄告喩之

其の八年（二四七）、太守王頎《キ》、官に到る。倭の女王卑彌呼、狗奴國の男王卑彌弓呼《ヒミクコ》と素《もと》より和せず。倭の載斯烏越等を遣わし郡に詣り、相攻撃するの狀を説かしむ。塞曹掾史《エンシ》張政等を遣わし、因りて詔書・黄幢を齎らし、難升米に拜假し、檄を爲《つく》りて之を告喩せしむ。

現代語訳

その八年（二四七）、太守王頎が着任した。[74] 倭の女王卑弥呼は、狗奴国の男王である卑弥弓呼と以前から不仲であった。[75] 倭の載斯烏越らを帯方郡に派遣し、互いに攻撃しあっているという状況を述べさせた。そこで〔帯方郡は」塞曹掾史[76]の張政らを派遣して詔書・黄幢を持参して難升米に授与するとともに、檄をつくって告喩させた。[77]

74　王頎は、玄菟太守としてすでに夫餘伝・東沃沮伝および毋丘倹伝にみえていた。裴松之註によれば、『世語』を引用して「頎、字は孔碩、東莱の人なり。晋の永嘉中の大賊王彌は、頎の孫なり」とする。

75　原文は「卑弥弓呼素」とあり、そこまでを狗奴国の男王の名と解釈するみかたもある。内藤湖南は、「呼素」は「コソ」であり、「国造本紀」にみえる「河内国造彦己曾保理命」の「己曾」、などと同じで「襲国の酋長などをや指しけん」とする。また「卑弥弓呼」は、「卑弓弥呼」の誤りで、「ヒコミコ」すなわち「彦命」であり、女王卑弥呼（姫命）に対する男子名であるとする意見もある。

76　掾史は太守の属官で、『後漢書』百官志にも「郡国には皆な諸曹掾史を置く」とある。「塞曹」はあまりみられない職名であるが、そのとおり、「塞（とりで）」に関わる職、辺境防衛に関わるものと想像できる。

77　檄は「ふれぶみ」をいう。卑弥呼から、狗奴国と「相攻撃するの状」が伝えられたのをうけて、それに対する郡としての回答、ということになる。女王国寄りの調停を述べたものか、単に「相攻撃するの状」を憂えるものであったのか、内容についてはわからないが、このあと、両国の抗争は記されていない。

29

卑彌呼以死大作冢徑百餘歩徇葬者奴婢百餘人

卑彌呼以て死す。大いに冢を作る。徑百餘歩。徇葬せる者、奴婢百餘人。

現代語訳

卑弥呼が死んだ。[78] そこで大きな家を作った。直径が百余歩あった。奴婢百余人が徇葬された。[79]

78　「卑弥呼以死」は、「卑弥呼死せるを以て」とは読むことができない（その場合は、

「以卑弥呼死」となろう)。「卑弥呼、以て死す」と読む場合、「以て」は「之を以て」を省略したものか、語調を整える用法とみるか、が考えられる。また、「以て」を「以(すで)に」や「以(ゆえ)に」と読むことも可能である。『魏志』にも、「孫権、以(すで)に死す。孤を諸葛恪に託す」(巻二一・傅嘏伝)という例がある。どの読み方を採るかで、意味が変わってくる。正始八年に魏へ使者を送ったときには生きていたのであるから、卑弥呼の死はそれよりもあと、ということになる。もし「以(すで)に」と読めば、魏・帯方郡からの使者張政がやってくる前に、とみなければならない。『梁書』倭伝および『北史』倭国伝には「正始中、卑弥呼死す」とある。これらは、『魏志』の記事をもとにして記された可能性が高いが、実際にも、正始中ということでまちがいはないであろう。それは狗奴国との抗争中ということになろう。いわゆる倭国の大乱を経て共立されたのであるが、それが一九〇年頃とすれば、在位六十年ほどになる。この卑弥呼の死をめぐって、いくつかの意見がある。

79 冢は墳と同じ。冢の大きさ「径百余歩」は、一歩が一四四㎝であり、百歩は一四四mとなる。径百余歩とは、直径が一五〇mほどあることを示す。卑弥呼の墓としてよく注目されるのは、箸墓（はしはか）古墳である。後円部第一段の直径は一五六ｍである。その実年代についてはその時期か、もしくはあとにあてる意見がある。

30

更立男王國中不服更相誅殺當時
殺千餘人復立卑彌呼宗女壹與年
十三爲王國中遂定政等以檄告喩
壹與壹與遣倭大夫率善中郎將掖
邪狗等二十人送政等還因詣臺獻
上男女生口三十人貢白珠五千孔
青大句珠二枚異文雜錦二十匹

更めて男王を立てしも國中服さず。更々《こもごも》相《あい》誅殺す。時に當たり殺すこと千餘人。復た卑彌呼の宗女壹（臺）與年十三なるを立てて王と爲し、國中遂に定まれり。政等、檄を以て壹（臺）與に告喩す。壹（臺）與、倭の大夫率善中郎將掖邪狗等二十人を遣わし、政等を送り還らしむ。因りて臺に詣りて男女生口三十人を獻上し、白珠五千孔・青大句珠二枚・異文雜錦二十匹を貢す。

現代語訳

あらめて男王を立てたが国内の人々が服従しなかった。たがいに殺しあうことがつづいた。そのときに殺されたものが千人あまりいた。そこで卑弥呼の宗女の年が十三になる壹（台）与を立てて王としたところ、国中が遂に定まった。[80] 政らは、檄文で壹（台）与に告喩した。壹（台）与は、倭の大夫である率善中郎将掖邪狗ら二十人を派遣し、政らを送り返してきた。[81] その結果、宮廷に到着し、男女の生口三十人を献上し、白珠五千孔・青大句珠二枚・異文雑錦二十匹を貢ぎものとした。[82]

80　壹与か台与であるかは、邪馬壹か邪馬臺かの問題とは別に考える必要がある。国名が邪馬臺であったとしても、宗女の名も、臺与である必然性はない。ここでは台与としておく。女王が二代つづくことについて、一時的現象とすべきではなく、女治の時代が続いていたという理解もあるが、このたびの経緯からも、臨時の処置で、決して永続的なものではないとみるべきであろう。

81　台与が張政らを送り返したのがいつかはわからないが、『晋書』倭人伝には「其の女王」が魏において司馬昭が相国となった二五八年以後に遣使したことを伝え、さらに『晋書』武帝紀・泰始二年（二六六）条には「十一月己卯、倭人來たりて方物を獻ず」とある。台与も魏に複数回、晋にも一回以上、遣使したことになる。二六六年の遣使は『日本書紀』神功紀・分註にもみえる。

82 『太平御覧』巻八〇二・珍宝部に引く「魏志倭人伝」には、「倭国女王台与遣大夫率善等、献真白珠五十孔青大勾珠二枚也」とあり、白珠を「五十」としている。そのためもあり、原文の「五千」は、「五十」の誤りとみる見解もある。『淵鑑類函』珍宝部に引く「魏志」には「青大勾珠一枚」としている。白珠は真珠、青大句珠は青いガラス玉などにあてられる。異文雑錦は、異なったいろいろな彩色をもつまだらな文様の錦の織物、ということであるが、より具体的にはいくつかの説がある。

邪馬台国ブームをつくった男たち
1

手塚治虫

騎馬民族説による大ファンタジー序説

写真提供：共同通信社

漫画界の巨匠が描く邪馬台国

「漫画の神様」と呼ばれた手塚治虫《てづかおさむ》のライフワークに『火の鳥』がある。中国では鳳凰《ほうおう》、インドではガルーダ、エジプトではフェニックス。世界の多くの民族に伝わる伝説の霊鳥である。フェニックスの場合、火のなかに自ら身を投じて何度も生まれ変わる不死鳥で、その血を飲んだ者は永遠の生命を獲得するとされる。

手塚は、そんな不死鳥の火の鳥を狂言回しとして、時空を超えた宇宙規模の壮大なスケールで、日本の歴史と、欲望と夢に突き動かされる人間の生や死を描こうとした。

その第一部、古代史を扱った黎明《れいめい》編に、ヒミコ（卑弥呼）とヤマタイ国（邪馬台国）が登場する。ヒミコは、『魏志』倭人伝の記述通りに呪術によって国を治めている巫女《みこ》的女王だが、『火の鳥』では、忍び寄る老醜におびえる残酷な支配者であり、若返りと不死永生を切望して、火の鳥が棲《す》むというクマソ（熊襲）の国に防人《さきもり》隊（隊長は猿田彦《さるたひこ》）を派遣し、火の鳥を捕えようとする。ヤマタイ国軍によるクマソ国の討伐と大虐殺。漫画界の巨匠の一大叙事詩はそこからスタートする。

古代史への憧れ

手塚治虫（本名、治）が子供のころから昆虫や科学、天文学に興味を持っていたことは有名だが、実は古代史にも、それに負けないくらい強い関心があった。
「中学時代、ぼくは地歴部にはいり、古墳や遺構を散策した。ぼくの母校は大阪近郊で、池田市の小学校時代、すでに目と鼻の先に〝尊鉢《そんばち》〟と呼ばれる古墳があったし、附近は帰化人遺跡の吹きだまりのようであった。ちょっと地面を掘れば土偶のかけらや矢じりが簡単に手に入った。（中略）こういう恵まれた環境の地に学生時代を過ごしたことを、今更、ほんとに幸せだったと思う。なぜなら悠久の古代は無限にミステリアスな夢と空想をもたらす」
〈旅〉一九八三年一月号）
手塚は大阪府立北野中学校（現、北野高校）時代、『日本古墳史』という本をガイドに近境や明日香《あすか》村の古墳群を訪ね歩いたのだ。

紆余曲折する『火の鳥』連載

昭和二十二年（一九四七）に『新宝島』でデビューした手塚は、四年後に雑誌〈少年〉用に天岩戸伝説を日食で絵解きした『天岩戸《あまのいわと》』なる作品を描いた。ところが、「神話を茶化すなど言語道断！」と編集部に突き返され、急遽新作を描き直した（その新作が『アトム大使』、後の『鉄腕アトム』である）。

古代史に執着のあった手塚は、〈漫画少年〉の『ジャングル大帝』連載が昭和二十九年（一九五四）に終了すると、温存した自説にのっとり『火の鳥』（黎明編）を同誌に発表した。

これは、東南アジアの島々から黒潮に乗って九州に到着した人びとが大和民族となり、『古事記』の神々になったという南方民族漂着説を漫画化した物語だ。火の鳥の血を飲んで三〇〇〇年の不死を得た火山島の兄弟がイザ・ナギ（伊弉《いざ》諾尊《なぎのみこと》）とイザ・ナミ（伊弉《いざ》冉尊《なみのみこと》）。ヤマタイ国の女王卑弥呼は天照大神《あまてらすおおみかみ》に比定され、彼女が老いと容色の衰えを防止するために火の鳥の血を渇望し猿田彦にその探索を命じる、という黎明編の基本設定が登場する。天岩戸＝日食説も改めて描き直された。

しかし、〈漫画少年〉版『火の鳥』は、雑誌廃刊により翌年の五月号で中断した。その後〈少女クラブ〉で『火の鳥』が復活、二年間にわたって掲載されたが、これはエジプト編など欧州世界を舞台にした少女向けの物語で、前作とは全然つながっていない。

手塚が夢みた邪馬台国

手塚のライフワークと見なされる『火の鳥』は、それから十年後、虫プロ商事の実験漫画誌〈COM〉に創刊号から掲載された〈COM〉版『火の鳥』(六七年一月号黎明編〜七一年十月号羽衣編)が基盤となる。

〈COM〉版『火の鳥』黎明編は、〈漫画少年〉版とは打って変り、古代の大和政権は大陸から渡来した東北アジア系の騎馬民族が樹立した王朝、という戦後間もなく江上波夫が唱えた騎馬民族征服王朝説を採用した。

すなわち、同族を皆殺しにされたクマソ国の少年イザ・ナギは、猿田彦に

『火の鳥①黎明編』より　©手塚プロダクション

連れられヤマタイ国（所在地は明示されていないが、前後の脈絡から奈良の大和＝畿内説だとわかる）に行く。猿田彦はヒミコの怒りを買い、全身を蜂に刺され半死半生となる（鼻が腫れ上がり、『火の鳥』全編を貫く転生のキャラクター誕生）。ナギと猿田彦は数奇な運命の糸で結ばれ、ともにクマソの地に逃亡する。

そこへ登場するのが、大陸からやってきた騎馬軍団の高天原族《たかまがはら》と、その司令官のニニギ（瓊瓊杵尊《ににぎのみこと》）である。侵略軍は、それまでの日本人が見たこともない疾走する動物（馬）に跨《またが》って国々を蹂躪《じゅうりん》、猿田彦とナギを人質にして、さらに東方へと進軍する。

ヤマタイ国の老女王ヒミコは、願い虚しく火の鳥を目前に病死。残されたヤマタイ国軍は逃れてきた猿田彦やナギを迎え侵略軍に対抗するが、金鵄《きんし》を掲げるニニギ（＝神武天皇）の軍勢は圧倒的で、猿田彦もナギも殺され、ヤマタイ国は攻め滅ぼされる……。

この『火の鳥』黎明編では、騎馬民族の神武天皇に討伐される土着の旧王

姉上 また ヒステリーですか
あんまり みっともいいものではありませんな
おだまり スサノオ!!
なやんだとて 何になるというのです
花は枯れるもの 人は歳ふるもの…と どうにもならない摂理です
だが それはほかの下民たちのこと わらわは…普通の者とはちがう！
わらわは このヤマタイ国の女王ヒミコです いつまでも若く いつまでも美しく いられる権利があるはずよ
そんなこと いったって 無理ですな

『火の鳥①黎明編』より　

朝が女王卑弥呼の率いた邪馬台国、という手塚の古代史観がクッキリと描かれた。

むろん、史実ではない。外来勢力による「侵略」と「虐殺」の考古学的証拠などどこにもないし、また大和政権の古墳時代に、食用家畜を飼う習慣や去勢の風習がなかったことから、騎馬民族説自体がきわめて疑わしい。

『火の鳥』は、あくまでもフィクションである。次の未来編では西暦三十五世紀まで跳び、幾度も核戦争を経た地球は荒廃し、人類は世界五ヵ所の地下都市にやっと生き延びている……。過去、未来、過去、未来と舞台を変えながら、次第に「現在」へと近づいていく輪廻転生の大ファンタジー。そのなかの、最初のころの生と死の物語と考えれば、虚実は別にして文句なしに面白い。老いて残虐になった卑弥呼、……魅力的なキャラクターなのである。

（足立倫行）

第二章

邪馬台国はどこにあったのか

新発見の続く畿内大和説、
議論の深まる九州地方説、さらには
日本全国の主な比定地を総覧

邪馬台国
日本全国の主な比定地マップ

129　日本全国の主な比定地マップ

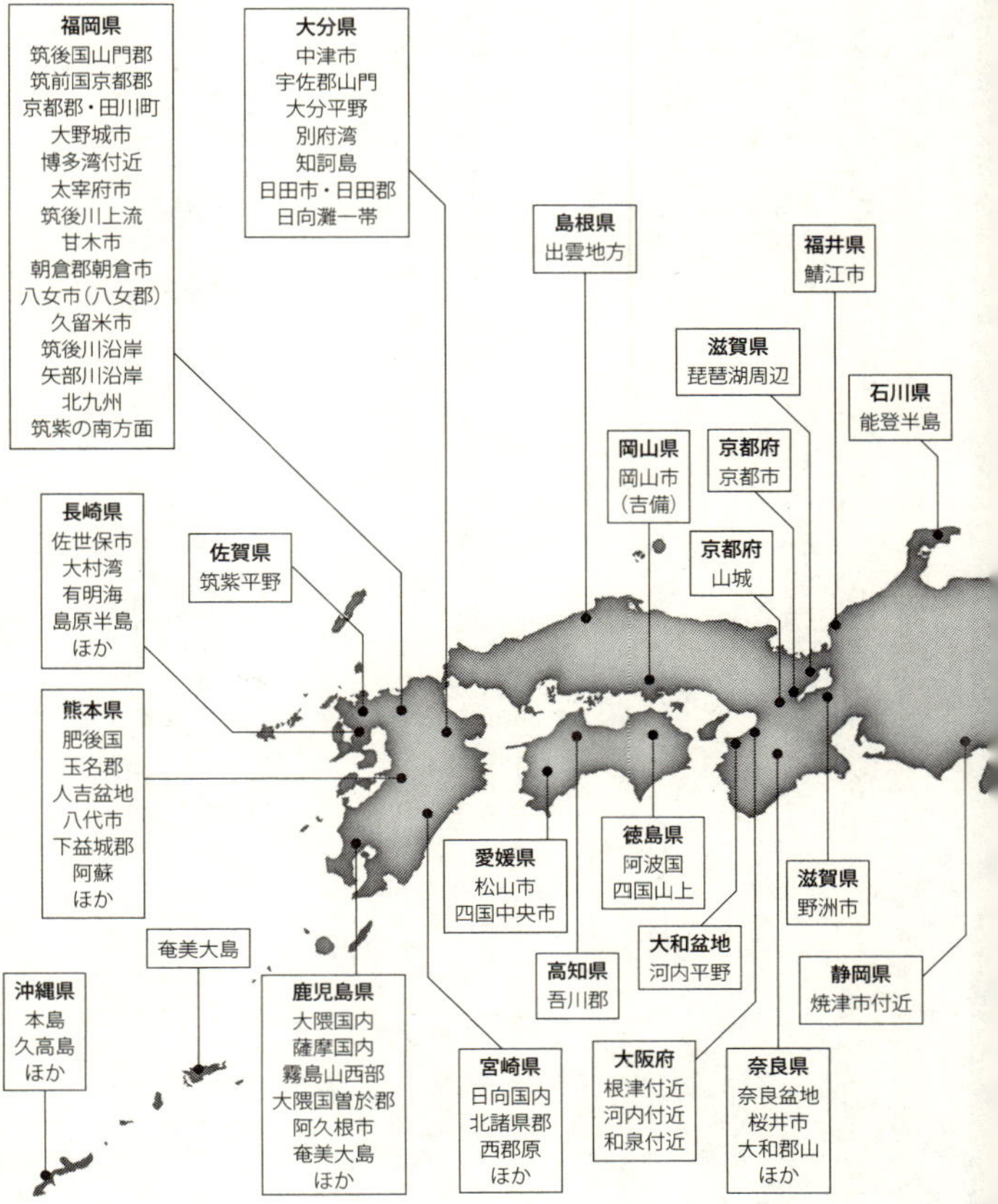
福岡県
筑後国山門郡
筑前国京都郡
京都郡・田川町
大野城市
博多湾付近
太宰府市
筑後川上流
甘木市
朝倉郡朝倉市
八女市（八女郡）
久留米市
筑後川沿岸
矢部川沿岸
北九州
筑紫の南方面
大分県
中津市
宇佐郡山門
大分平野
別府湾
知訶島
日田市・日田郡
日向灘一帯
島根県
出雲地方
福井県
鯖江市
滋賀県
琵琶湖周辺
石川県
能登半島
岡山県
岡山市
（吉備）
京都府
京都市
京都府
山城
長崎県
佐世保市
大村湾
有明海
島原半島
ほか
佐賀県
筑紫平野
熊本県
肥後国
玉名郡
人吉盆地
八代市
下益城郡
阿蘇
ほか
愛媛県
松山市
四国中央市
徳島県
阿波国
四国山上
滋賀県
野洲市
大和盆地
河内平野
高知県
吾川郡
静岡県
焼津市付近
奄美大島
沖縄県
本島
久高島
ほか
鹿児島県
大隅国内
薩摩国内
霧島山西部
大隅国曽於郡
阿久根市
奄美大島
ほか
宮崎県
日向国内
北諸県郡
西都原
ほか
大阪府
根津付近
河内付近
和泉付近
奈良県
奈良盆地
桜井市
大和郡山
ほか

1

邪馬台国はどこにあったのか

畿《き》内《ない》大和《やまと》説《せつ》

西本昌弘

纒向遺跡における発見は何を語るのか？
最新研究が示す畿内大和、三つの候補地

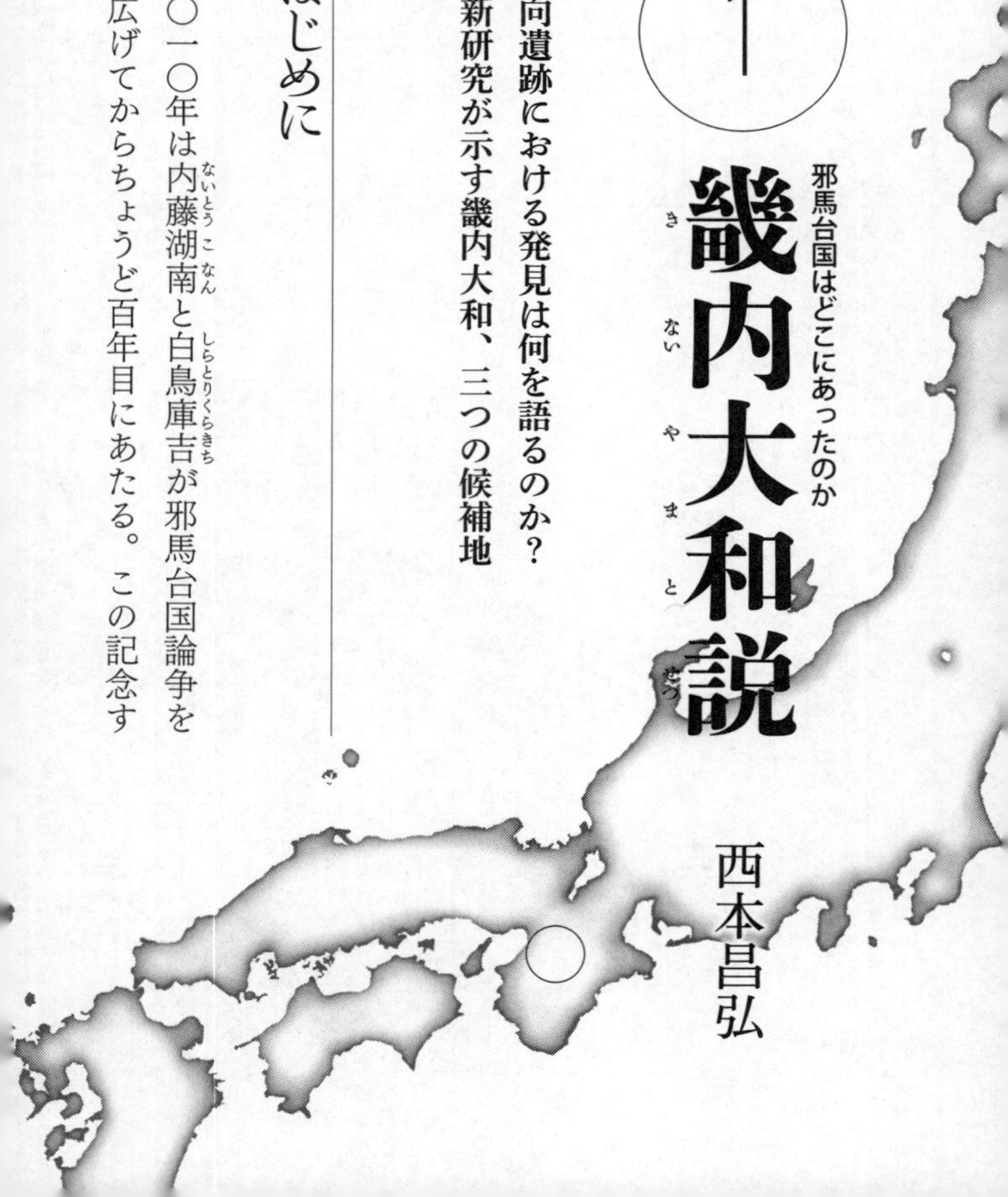

はじめに

二〇一〇年は内藤湖南《ないとうこなん》と白鳥庫吉《しらとりくらきち》が邪馬台国論争を繰り広げてからちょうど百年目にあたる。この記念す

べき年をはさんで大和《やまと》説にとって画期的な発見が二つ相次いだ。

一つは、奈良県桜井市の桜井茶臼山《ちゃうすやま》古墳が再調査され、出土した鏡破片の分析の結果、十三種八十一面の銅鏡が副葬されていたことが判明したことである（『朝日新聞』二〇一〇年一月八日付朝刊）。そのうちの一つの破片には銘文の一部である「是」字が残されていたが、これは群馬県高崎市蟹沢《かにざわ》古墳出土の「正始《せいし》元年」銘鏡の「是」と同字体であった。大和の中枢部に魏《ぎ》の紀年鏡が埋納されていたことを示す証拠がはじめて出現したのである。

いま一つは、二〇〇九年に桜井市の纒向《まきむく》遺跡において三世紀前半の方位と軸線を揃えた大型建物群が発見されたことである（『朝日新聞』十一月十一日付朝刊）。二〇一一年には、大型建物近くの穴から魚類・動植物の骨や種が大量に出土していたことが報告された（『朝日新聞』一月二十二日付朝刊）。邪馬台国大和説の有力候補地において、卑弥呼の居館もしくは祭祀場につながる遺跡が確認された意義は大きい。

私は二〇〇六年に邪馬台国論争を振り返って、「現実に進行している遺跡・遺物の検出例によって、邪馬台国大和説の基礎は着実に固まりつつある」と説いたが[1]、その後わずか四、五年で、状況は急激に変化し、大和説は卑弥呼の都の具体相にまで迫りつつある。

本稿では、文献史学と考古学の成果から導かれる畿内大和説の根拠についてまとめたのち、最近の纒向遺跡における発見の意義を考え、邪馬台国の中枢が置かれた場所について、現在の見通しを述べることにしたい。

文献史料からみた畿内大和説

邪馬台国位置論の最大の手がかりは『魏志《ぎし》』倭人伝《わじんでん》にみえる旅程記事である。そこには帯方郡《たいほうぐん》から邪馬台国に至るまでの道程が、方位・里程・日程によって示されている。

帯方郡より狗邪韓国《くやかんこく》に到る

↓海岸に循《したが》いて水行、乍《あるい》は南し乍《あるい》は東し七千余里

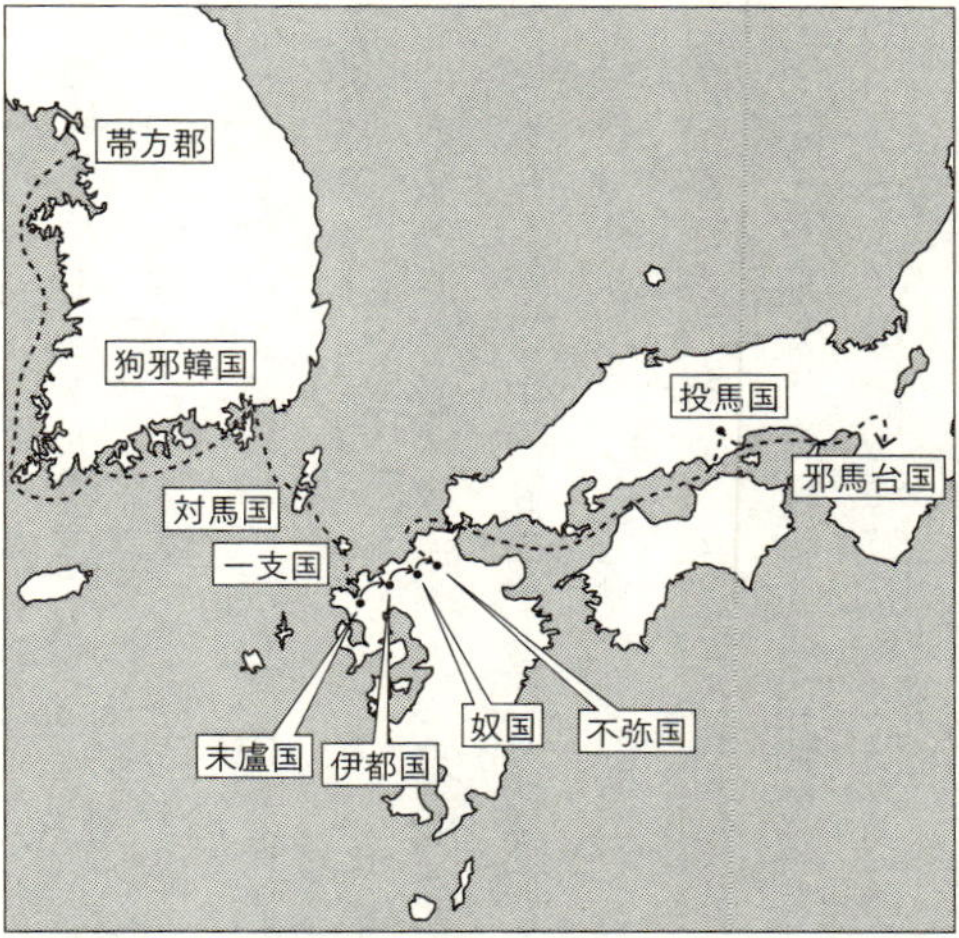

帯方郡から邪馬台国へ至るルート

狗邪韓国より対馬《つしま》国に至る
↓始めて一海を度《わた》る千余里
対馬国より一支《いき》国に至る
↓又《また》南一海を渡る千余里
一支国より末盧《まつろ》国に至る
↓又一海を渡る千余里
末盧国より伊都《いと》国に到る
↓東南陸行五百里
伊都国より奴《な》国に至る
↓東南百里
奴国より不弥《ふみ》国に至る
↓東行百里
不弥国より投馬《つま》国に至る
↓南水行二十日

投馬国より邪馬台国に至る
↓南水行十日、陸行一月

帯方郡の次の狗邪韓国は、のちに加耶《かや》・加羅《から》と称される韓国南部の国で、対馬国は対馬島、一支国は壱岐島をさす。末盧国のマツロは肥前国松浦《まつら》郡のマツラと類似するから、現在の佐賀県唐津《からつ》市付近に中枢があったとみられる。伊都国のイトも筑前国怡土《いと》郡のイトと一致し、現在の福岡県前原《まえばる》市を中心とする地域にあたる。奴国のナも筑前国那珂《なか》郡や那津《なのつ》・儺県《なのあがた》などのナカ（ナ）と合致し、春日市付近に中枢をもつ国であった。不弥国については立岩堀田《たていわほった》遺跡の存在から、フミと発音の似た筑前国穂波《ほなみ》（ホナミ）郡の飯塚付近にあてる説が有力である。不弥国が投馬国へ向かう水行の出発点であったことを考えると、遠賀《おんが》川を航行する川船の発着地で、博多・太宰府方面から小倉・門司をへて、瀬戸内海方面へ抜ける交通の要衝であった飯塚は、不弥国の比定地として最適の場所であるといえよう。

問題となるのは、不弥国以降のルートである。福岡県北部の不弥国から

「南水行二十日」にある投馬国、投馬国からさらに「南水行十日、陸行一月」を要する邪馬台国はどこに求めるべきか。

まず方位については、邪馬台国は不弥国の「南」に位置したとあるので、邪馬台国は福岡県から南方の九州内に存在したことになる。しかし、『魏志』倭人伝の方位記事はとくに末盧国へ上陸したあと、実際の方位と比べて四十五度から九十度におよぶ大きな誤差を生じているので、邪馬台国への「南」についても、これを盲信することはできず、補正を加える必要がある。古くから大和説論者が指摘してきたように、不弥国から邪馬台国への方位「南」は九十度の誤差を想定して、「東」と読みかえるのが妥当である。

中国においては長い間、倭国（日本）は南北に連なる島々の集まりで、その南端は会稽東冶《かいけいとうや》の東海上まで延びていたと考えられていた。こうした地理観を示す古地図として、宋代の『歴代地理指掌図《れきだいちりししょうず》』所載の「古今華夷区域総要図《ここんかいくいきそうようず》」があり、揚子江の東の海上に北から「倭奴」「日本」「毛人」「琉球」「蝦夷」などの島々が描かれている。また、一四〇二年に朝鮮で作られた

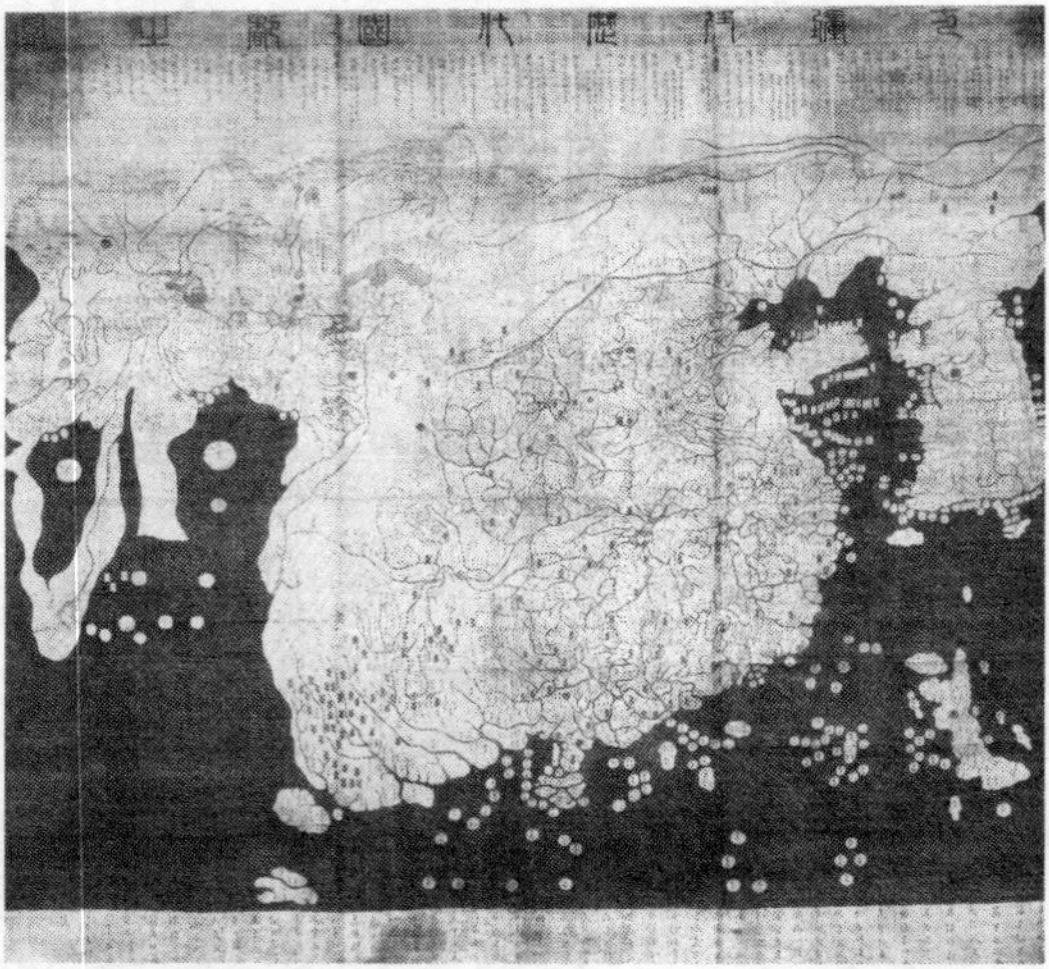

「混一疆理歴代国都之図」（1402年／龍谷大学学術情報センター大宮図書館所蔵）　右下の島が日本

「混一疆理歴代国都之図《こんいつきょうりれきだいこくとのず》」では、日本列島が九州を北、本州以下を南に転倒した形で描かれている。こうした伝統的な地理観に制約されて、帯方郡から邪馬台国に向かった魏使は、末盧国に上陸したあと、「東北」へ向かっているのを「東南」と誤解し、「東」へ向かっているのを「南」へ向かっていると錯覚したものと考えられる。

　次に里程については、

『魏志』倭人伝が記述する帯方郡から不弥国までの里数を合計すると一万七百余里になる。一方、『魏志』倭人伝は別の箇所で「郡より女王国に至る万二千余里」と書くから、帯方郡から女王国（邪馬台国）までの総里数は一万二千余里であった。この一万二千余里から一万七百余里を引いた「千三百余里」が不弥国から邪馬台国までの里数となる。

九州論者は対馬国から一支国までの距離「千余里」と比較すると、「千三百余里」はそれほど長い距離であるとは考えられず、不弥国から「千三百余里」離れた邪馬台国は、九州内にしか求められないと主張する。現在の対馬〜壱岐間の距離と対照して、『魏志』倭人伝の一里は一〇〇メートル前後であったとし、「千三百余里」は一四〇キロ前後と推計するのである。こうした考え方を短里説《たんりせつ》というが、短里説には大きな疑問がある。

『魏志』倭人伝の里数は、帯方郡から伊都国までの区間では著しく誇張されているが、伊都国から先の区間ではその誇張が減少し、実際の距離と接近してくる。倭人伝の里数のこうした特徴は、とくに朝鮮海峡・対馬海峡がきわめて長い距離に想定されていたことを示すが、近代以前にはこうした認識の方が一般的であって、十五世紀の『海東諸国紀《かいとうしょこくき》』から明治初年の『道中記《どうちゅうき》』に至るまで、釜山〜対馬間や対馬〜壱岐間はいずれも四十八里（二〇〇キロ前後）とされ、実際の距離よりも三〜四倍の長距離に認識されていた。

したがって、不弥国から邪馬台国までの「千三百余里」は、対馬国〜一支国周辺の誇張された区間をもとに比例計算するのではなく、伊都国以降の誇張の減少した区間と対照させて推計すべきである。魏晋代の一里約四三四メートルで換算すると、「千三百余里」は約五六四キロとなるから、九州北部の不弥国から五六四キロかなたの邪馬台国は畿内方面に存在した公算が高い。

最後に日程記事については、不弥国から「水行二十日」および「水行十日、陸行一月」進んだ先に邪馬台国があったのであるから、これを九州内に求めるのは困難で、古くから指摘されてきたように、日程記事は畿内大和説に有利な証拠である。九州説では当時の交通事情の悪さや、魏使が儀仗《ぎじょう》を整え、儀礼を行いながら前進したことを考慮すると、長い日数を要したとしても不思議ではないというが、中国では公的使節や軍隊の陸上行程は一日四十〜五十里と定められていた。倭国に派遣された魏使のみが、この行程を大幅に減少させるほど大がかりな儀仗・儀礼を展開させたとは思えない。

以上から、『魏志』倭人伝の方位記事・里程記事・日程記事はいずれも畿内大和説で解釈する方が無理がなく、九州説でこれらをすべて合理的に説明するのは困難であると思う。文献史料からみた場合、邪馬台国は畿内方面に存在したと考えざるをえないのである。

考古学的成果からみた畿内大和説

邪馬台国の位置論争に決定的な影響力をもつのが考古学的な発掘成果である。すでに戦前から、梅原末治《うめはらすえじ》氏や中山平次郎《なかやまへいじろう》氏らは遺跡・遺物の観点からみて、九州筑後《ちくご》の山門《やまと》郡が三世紀日本の首都たりえないことを指摘していたが、戦後になって小林行雄《こばやしゆきお》氏により三角縁神獣鏡《さんかくぶちしんじゅうきょう》の同笵鏡論《どうはんきょうろん》が提唱された。

三角縁神獣鏡とは背面に神仙《しんせん》思想にもとづく神獣像を鋳出し、縁部の断面が三角形を呈する大型鏡である。卑弥呼の遣使に関わる「景初《けいしょ》三年」「正始元年」など魏の年号をもつものがあり、初期古墳から多く出土するため、大和政権成立期の政治関係を反映する資料として重視されてきた。

小林氏は、京都府椿井《つばい》大塚山古墳に副葬された三十二面の三角縁神獣鏡のうち十七種二十二面が、北部九州から関東までの古墳から出土した三角縁神獣鏡と同笵関係にあることから、椿井大塚山古墳の被葬者が大和政権の使臣として、各地の首長に三角縁神獣鏡を配布したとみ、鏡の分布状況からは邪馬台国九州説は成り立たないと結論づけた。[2]

これに対して王仲殊《おうちゅうしゅ》氏は、三角縁神獣鏡は中国から一枚も出土しない、この鏡と類似する中国の神獣鏡と画像鏡は呉《ご》の領域で流行した鏡である、三角縁神獣鏡の銘文中には「至海東」「絶地亡出」などのように、工人が「海《かい》東《とう》」「絶地《ぜっち》」（ともに倭国をさす）へ渡ったことを示すものがある、などの理由から、この鏡は魏で製作されたものではなく、呉の工人が日本に渡来して作ったものであると主張した。[3]

しかし、銘文の「海東」は日本ではなく、漠然と海東にある神仙世界を意味する。また、「絶地亡出」という解読案には疑問があり、これは「杜地工出」または「杜地之出」と読み、鏡師の杜《と》氏が工《つく》り出した、または洛陽近郊の杜陵県《とりょうけん》出身の工人が製作したことを述べたものにすぎない。[4]したがって、呉の工人が渡来して三角縁神獣鏡を作ったとする王仲殊説は根拠薄弱である。

近年では、中国鏡と三角縁神獣鏡の対比研究が進められ、呉鏡とは異なる魏鏡の実態がしだいに明らかになってきた。典型的な三角縁神獣鏡は中国では未発見であるが、図像文様・銘文・鈕孔《ちゅうこう》形態などの特徴が一致する鏡は中国華北からも出土している。三角縁神獣鏡のなかには「景初三年」「正始元年」など魏の年号をもつものがあり、魏の官営工房を示す「尚方《しょうほう》」の銘文をもつものもある。この二点だけでも同鏡が卑弥呼の鏡にあたる可能性は高い。

三角縁神獣鏡＝魏鏡説の弱点は次第に克服されつつあるといえよう。

三角縁神獣鏡の出土例はすでに四百面を超えているので、魏が卑弥呼に与えた「銅鏡百枚」との整合性が問題となる。しかし、一口に三角縁神獣鏡といっても古いものと新しいものがあるので、最古式の三角縁神獣鏡四十面ほどが二四〇年に魏からもたらされた「百枚」であるとみればよい。[5]

あるいは、魏の官営工房で製作された「尚方」銘の鏡のみが「銅鏡百枚」に相当するとみる意見もある。[6] 三角縁神獣鏡は中国では未発見であるが、魏鏡説では邪馬台国に下賜するための特鋳《とくちゅう》鏡であるため、中国では出土しないのであると説く。ただし、中国でも鋳型《いがた》や失敗作などは出土するはずであるから、今後の中国における発掘成果が魏鏡説の帰趨を決するであろう。

三角縁神獣鏡の分布論・配布論をもとに、配布の中心に位置する畿内大和こそ邪馬台国であるとするのが大和説であるが、一九九〇年前後からは次のように、古式の三角縁神獣鏡を埋納する初期古墳が相次いで発見・確認された（カッコ内は三角縁神獣鏡の出土面数）。

・権現山《ごんげんやま》五一号墳（五面）兵庫県御津町（現、たつの市）
・雪野山《ゆきのやま》古墳（三面）滋賀県近江八幡市
・西求女塚《にしもとめづか》古墳（七面）兵庫県神戸市
・安満宮山《あまみややま》古墳（二面）大阪府高槻市
・黒塚《くろづか》古墳（三十三面）奈良県天理市

これらに加えて二〇一〇年には、桜井市の桜井茶臼山古墳において十三種八十一面の銅鏡が副葬されていたことが確認された。このうちの二十六面が三角縁神獣鏡であるが、そのなかの一面には「正始元年」銘鏡と同字体の「是」字が鋳出《いだ》されていた。

このように古式の三角縁神獣鏡を埋納する古墳の類例が増えたことは、古墳の成立年代論にも影響を与えることになる。最古の古墳とされてきた椿井《つばい》大塚山《おおつかやま》古墳は三世紀末の築造と考えられているが、これよりも古式の三角縁神獣鏡を副葬する西求女塚古墳・黒塚古墳などが発見されたため、古墳の出現は三世紀中葉に遡る可能性が高くなった。

最近、国立歴史民俗博物館の研究グループは炭素一四年代法による年代測定により、箸墓古墳は二四〇～二六〇年に築造されたと結論づけた。かつては卑弥呼の時代には古墳は出現していなかったと考えられていたが、古墳の成立年代が遡った結果、卑弥呼自身が前方後円墳に葬られた可能性が高まったのである。

最古段階の有力古墳は九州北部および瀬戸内海北岸から淀川・木津川流域を通って大和に至る経路上に築かれている。この経路はまた、邪馬台国畿内説をとった場合の魏使の通過地点ともほぼ合致する。また近年、桜井市ホケノ山墳墓や徳島県鳴門市萩原《はぎわら》一号墓など、初期古墳に先行する庄内式期（弥生終末期）の墳墓から画文帯神獣鏡《がもんたいしんじゅうきょう》が出土した。この鏡は二世紀後葉から三世紀初頭に大陸で製作され、倭国にもたらされたもので、その国内における分布の中心もまた畿内である。[7]

邪馬台国勢力は三世紀前葉に大陸から画文帯神獣鏡を入手したのち、三世紀中葉以降には、魏政権から三角縁神獣鏡を入手し、それぞれを各地の勢力に配布することで、倭国の盟主としての政治的主導権を確立していった。画文帯神獣鏡と三角縁神獣鏡を埋納する庄内式期墳墓および古式古墳の分布からみて、三世紀前葉以降の列島の政治的中心地は畿内大和であったとみるのが妥当であろう。

初期古墳が多く立地する吉備から大和に至る地帯は「前期古墳中核ベルト地帯」と呼ばれ、ヤマト政権の成立過程を考える上できわめて重要な地域である。この経路上で重要な発見があることは、以前から指摘されていたところであり、最近の桜井茶臼山古墳の再調査は新たに有力な傍証を加えることになった。これらに比べて、九州説の邪馬台国比定地では大きな発掘成果があったであろうか。最近にいたる遺跡・遺物の検出例によって、邪馬台国大和説の基礎はますます固まりつつあるといえよう。

纒向遺跡と邪馬台国の候補地

纒向遺跡はヤマト政権成立に関わる三、四世紀の大規模集落である。一九七一年にはじまる発掘調査により、掘立柱建物《ほったてばしらたてもの》を主体とする都市的な集落で、外来系土器の出土率が高いことが注目された。纒向に搬入された土器は大阪・三重・愛知を中心に、西は福岡、東は静岡東部、北は島根・鳥取・石川・富山に及ぶ。

遺跡は三輪《みわ》山の西麓に広がるが、旧河道に挟まれた太田北《おおたきた》微高地と太田微行地に祭祀場や中心居館があると想定されている。[8]周辺には纒向石塚《いしづか》や箸墓《はしはか》など最古級の重要墳墓・古墳が存在し、邪馬台国の有力な候補地といわれてきた。

二〇〇九年十一月、纒向遺跡第一六六次調査の際に、桜井市大字辻《つじ》の太田北微高地において、方位と軸線を揃えた三世紀前半の大型建物群が発見された。三間×二間の規模をもつ建物Cの東側に、南北四間×東西二間以上の大規模な建物Dが検出されたのである。建物Dは本来東西も四間あったと想定され、そうなると南北一九・二メートル、東西一二・四メートルをはかる当時としては国内最大規模の大型建物ということになる。建物Dの柱穴《ちゅうけつ》は約一メートル四方で、柱の太さは三〇センチ前後と推定される。

建物C・Dの西側には、これ以前の調査で建物A・Bや柱列（柵列《さくれつ》）が確認されており、これら四棟の建物はほぼ東西方向に方位と軸線を揃えて構築され、その周囲を柵列が取り巻いている。のちの宮都《きゅうと》の原形となるような整然と配置された建物群の一角が姿をあらわしたことになろう。地形などからみて、遺跡の範囲はさらに東方へ広がると思われるが、発掘担当者は纒向遺跡の中心的な人物がいた居館跡と考えて間違いないと述べている。[9]

また、二〇一〇年九月には、大型建物Dの南約五メートルに位置する穴状遺構（三世紀中頃）から、大量のモモの種が発見されたことが報じられたが、二〇一一年一月には調査結果の詳細が発表され、二千個以上のモモの種のほか、マダイ、アジ科、サバ科などの魚の骨、ニホンジカ、イノシシ類などの動物の骨、イネ、アワ、ウリなどの植物の種が検出されたことが報道された。

これらは祭祀の供え物である可能性が高いという。

邪馬台国の有力候補地である纒向遺跡において、方位と軸線を揃えた大型建物群が発見され、その近くから魚や動植物の供献《きようけん》に関わる特異な遺物が検出されたことの意義は大きい。この場所が邪馬台国に関係する祭祀集団の祭祀場の一角であった可能性はあるであろう。

その意味で、今回の発見は邪馬台国中枢部の一端を掘り出したもので、邪馬台国大和説に有力な傍証を加えるものといえる。ただし、遺構はさらに東方へ広がる可能性が高く、遺構全体がどのような配置をとっているのかは未解明である。

『魏志』倭人伝によると、卑弥呼には婢《はしため》(女性の召使い)千人が仕え、邪馬台国には「宮室《きゆうしつ》・楼閣《ろうかく》・城柵《じようさく》」が厳《おごそ》かに設けられていたという。卑弥呼の居館たる巨大建築や楼閣をはじめ、多くの遺構群が姿を現してはじめて、邪馬台国中枢部の復原がより確かなものになるであろう。

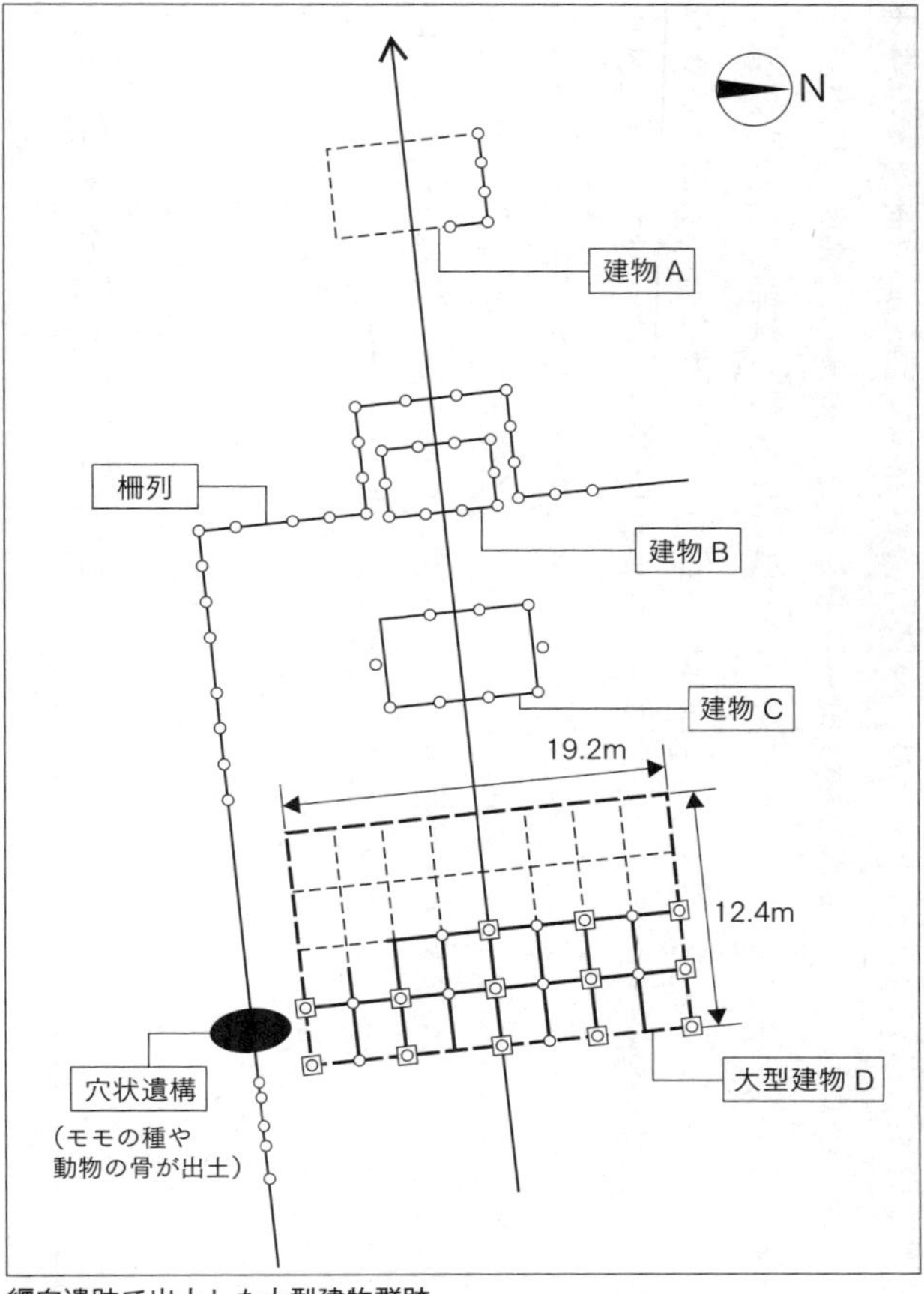

纒向遺跡で出土した大型建物群跡

大和・その他の比定地

大和において三世紀前後の遺跡・墳墓が集中する地域は纒向を含めて三つある。一つは西殿塚《にしとのづか》古墳・中山大塚古墳などが位置する天理市の大和《おおやまと》古墳群の地、いま一つは黒塚古墳・行燈山《あんどんやま》古墳（伝崇神《すじん》天皇陵）などが存在する天理市の柳本《やなぎもと》古墳群の地、そして残る一つが纒向石塚・箸墓古墳などがある纒向古墳群の地である。石野博信《いしのひろのぶ》氏はこの三つを含む範囲が邪馬台国であると述べる一方、[10]纒向遺跡の巻野内《まきのうち》地区に卑弥呼の居館があったことを示唆している。[11]これに対して、水野正好《みずのまさよし》氏は大和《おおやまと》神社が鎮座する大和郷が女王国の都であると述べ、大和古墳群の立地する天理市を重視する。[12]

邪馬台国の王都は上記の三地域のどこかにあった可能性が高いと思われるが、なかでも最古の墳墓・古墳が存在する纒向地域がもっとも有力である。大和神社が本来は纒向に接する穴師《あなし》にあったことも見逃せない。[13]その意味で、纒向地域における今回の発見は重要な意味をもつ。しかし、大型建物群および祭祀遺物の検出はまだまだ決定打とはいえず、大型建物群の東方にあたる巻野内地区への展開も含めて、今後における発掘調査の進展を期待をもって見守りたい。

このように畿内大和説はその包囲網を次第に狭め、問題の核心に迫りつつある。卑弥呼の王都が発見されるのは、そう遠いことではないであろう。ゴールは視野に入りつつあるのである。

しかし、邪馬台国位置論の解決は新たな研究課題を生み出す。邪馬台国からヤマト政権への発展過程を、連続と不連続を含めて解明することが求められる。その間における邪馬台国・ヤマト政権と列島各地との交流・連携あるいは反発・抗争の様相を明らかにすることも必要となろう。これらの課題を解決するためには、纒向遺跡における外来系土器の様相、前方後円墳の波及状況、三角縁神獣鏡の分有関係など、これまでに積み上げられてきた考古学的な研究成果が大きな手がかりを与えるであろう。

おわりに

邪馬台国問題が大和説優位のうちに推移する昨今、一部の研究は思わぬ方向に進行しつつある。女王の都として注目される纒向地域は、『日本書紀』に記された崇神天皇の磯城瑞籬宮《しきのみずがきのみや》、垂仁《すいにん》天皇の纒向珠城宮《たまきのみや》、景行《けいこう》天皇の纒向日代宮《ひしろのみや》などの想定地に近接するので、卑弥呼や台与《とよ》の前後に崇神天皇の統治を想定する意見が出されるようになった。

水野正好氏は『日本書紀』の崇神元年「甲申《こうしん》」を二六四年に比定し、これは台与が晋に入貢した泰初二年（二六六）の二年前にあたるから、二六四年に崇神は女王台与の摂政についたと解釈し、卑弥呼―台与の王統譜は崇神―垂仁―景行の皇統と一系的につづくと説いた。[14]

これに対して、西川寿勝《にしかわとしかつ》氏は『古事記』が崇神の崩年干支《ほうねんかんし》を「戊寅《ぼいん》」とし、この「戊寅」は二五八年と推定できることから、卑弥呼を倭迹々日百襲媛《やまとととひももそひめの》命《みこと》、崇神を男弟《だんてい》、台与を豊鍬入姫命《とよすきいりひめのみこと》にあてる仮説を提示している。[15]

　崇神天皇の崩年「戊寅」を二五八年に比定するのは、『住吉大社神代記』にの記載にもとづく田中卓《たなかたかし》氏の見解である。その田中氏は邪馬台国九州説に立ち、筑後国山門郡に邪馬台国を求めているから、纒向遺跡の大型建物は卑弥呼の神殿ではありえず、崇神天皇の宮である磯城瑞籬宮に相当するものであるという。[16]

　田中氏の構想を継承する若井敏明《わかいとしあき》氏も纒向遺跡を崇神・垂仁・景行の王宮と結びつけ、大和政権が四世紀に筑紫山門にあった邪馬台国を滅ぼしたと推測している。[17]邪馬台国の大和説・九州説を問わず、纒向地域を崇神天皇以下の王宮と結びつける議論がさかんとなっているのである。

　たしかに、「御肇国天皇《はつくにしらすすめらみこと》」（崇神紀十二年九月条）とも称された崇神は、実在した最初の「天皇」であるといわれる。『日本書紀』などにみえる王宮の名称も「帝紀《ていき》」に遡るもので、その信憑性は高いと思われる。纒向地域に邪馬台国が比定されるとなると、卑弥呼の王権が崇神以下の政権に何らかの形でつながることは十分に考えうることであろう。しかし、問題は『日本書紀』の元年干支や『古事記』の崩年干支を自明のこととして疑わない態度である。『古事記』の崩年干支については、『宋書《そうじょ》』倭国伝に依拠して書かれた後世の追記とみる説も存在する。[18]『日本書紀』の紀年に関しては、朝鮮関係記事との対比検討によって、干支二運《うん》(一二〇年)または三運(一八〇年)引き下げて考える場合があるが、この方法に客観性が保ちうるのは四世紀後半以降の記事である。[19]倭の五王に比定しうる天皇名さえ確定していない現在、それ以前の崇神天皇の元年や崩年を記紀のみによって推定するのはきわめて危うい作業であるといえよう。

邪馬台国の位置をめぐる論争は、『魏志』倭人伝の旅程記事の解釈の点でも、考古学的な遺物・遺跡の出現状況の点でも、畿内大和説の優位に展開しつつある。近年の纒向遺跡における大型建物群の検出は、有力候補地における重要な発見であるだけに、大和説をさらに後押しする証拠を追加した。邪馬台国の位置が九州か大和かという論争は終結に向かっていると思われるが、邪馬台国がヤマト政権にどのように接続するのかは、記紀批判の原則を十分に踏まえながら、今後さらに慎重に検討してゆくべき課題である。

【注・文献】

1　西本昌弘「邪馬台国論争」（『日本歴史』七〇〇、二〇〇六年）

2　小林行雄『古墳時代の研究』（青木書店、一九六一年）

3　王仲殊『三角縁神獣鏡』（学生社、一九九二年）

4　笠野毅「考古学からみた邪馬台国（二）」（『古代を考える　邪馬台国』吉川弘文館、一九九八年）、水野正好「卑弥呼・台与女王から崇神天皇の時代へ」（『邪馬台国《ヤマト》—唐古・鍵遺跡から箸墓古墳へ』雄山閣、二〇一〇年）

5　都出比呂志「邪馬台国から倭王権へ」（高槻市教育委員会編『邪馬台国と安満宮山古墳』吉川弘文館、一九九九年）

6　水野正好注4論文

7　岡村秀典『三角縁神獣鏡の時代』（吉川弘文館、一九九九年）

8　石野博信a「纒向遺跡と邪馬台国」（『増補新版　大和・纒向遺跡』学生社、二〇〇八年）、石野博信b『邪馬台国の候補地　纒向遺跡』（新泉社、二〇〇八年）

9　桜井市教育委員会『纒向遺跡第一六六次調査現地説明会資料』（二〇〇九年一一月）

10　石野博信「邪馬台国と大和」（前掲注5著書所収）

11　石野博信注8a論文二七頁

12　水野正好「倭国・女王国・卑弥呼」（前掲注5著書所収）、同注4論文

13　吉川真司「オオヤマト地域の古代」（『オオヤマト古墳群と古代王権』青木書店、二〇〇四年）

14　水野正好注4論文

15　西川寿勝「纒向遺跡の大型建物」（前掲注4『邪馬台国《ヤマト》―唐古・鍵遺跡から箸墓古墳へ』所収）

16　田中卓「奈良・纒向遺跡の大型建物遺跡は崇神天皇の宮跡といふ論拠」（『史料』二二四、二〇〇九年）、同「〔増補〕纒向遺跡の大型建物遺跡は崇神天皇の宮跡といふ

論拠」(『芸林』五九―一、二〇一〇年)

17 若井敏明『邪馬台国の滅亡』(吉川弘文館、二〇一〇年)

18 原勝郎「日本書紀紀年考」(『日本中世史の研究』同文館、一九二九年)、前田直典「応神天皇といふ時代」(『オリエンタリカ』創刊号、一九四八年)

19 三品彰英『日本書紀朝鮮関係記事考證』上巻(吉川弘文館、一九六二年)

2

邪馬台国はどこにあったのか

九《きゅう》州《しゅう》地《ち》方《ほう》説《せつ》

高島忠平

列島各地に存在した部族連合の主役。
国際色豊かな九州の地に、邪馬台国の実像を求める

邪馬台国論争の意義

邪馬台国の所在地をめぐる論争は、まずには、「魏志倭人伝」といった文献の解釈・理解の問題であると同時に、日本古代国家の成立を、どのように見通すかの日本古代史論上の問題でもある。

このことを抜きには、遺跡・遺物といった、いかなる考古学的史料や「新発見」といわれるものを用いても、邪馬台国を語ることはできない。

吉野ヶ里遺跡の物見櫓（国営吉野ヶ里歴史公園事務所所有・佐賀県教育委員会提供）

いささか「新発見」や「新知見」によって邪馬台国の所在地が明らかにできるかのような一部の「風潮」は、日本古代史論としての邪馬台国所在地論争を、「鍬《くわ》のひと掘り」で、といった発見主義、物本主義に走らせ、論争の趣旨から、かけ離れたものに陥っているといわざるをえない。

ここでは、まず第一に、私の古代国家成立の見通しを示すとともに、第二に、これまで先学が行ってきた、「魏志倭人伝」の文献としての逐条《ちくじょう》解釈ではなく、『三国志・魏書』中に、「東夷伝・倭人の条」が、なぜ記されたのか、その「趣旨」と、「魏志倭人伝」に描かれている「主題」を、明確にするところから、考古学上の知見をとらえ、邪馬台国の所在地、つまり邪馬台国九州説の合理性を明らかにしたい。

古代国家と邪馬台国時代

日本の古代国家は、一般にいわれているように七世紀後半に成立した律令国家をもって確立した。この国家は、中央及び地方の行政組織を、日本列島の大部分に張りめぐらし、列島を政治的に統一した初めての政権である。こうした列島の統一政権である律令国家は、どのような成立の道筋を経たのであろうか。

日本古代国家の成立の過程を簡単に見ておくと、まず、最初に食料獲得の主体を採集・狩猟においた同族的関係にある氏族を生活・社会の単位とした縄文社会に、水稲を主体とした稲作農耕が入ってきて農耕社会が成立する。

そして、各地に、この氏族が構成単位となって、氏族が政治的に結合した部族社会ができあがってくる。九州北半部では、甕棺《かめかん》文化を共通とする大きな種族的文化圏といったものがあり、そのなかに、現在の郡くらいのまとまりで部族社会の存在が窺《うかが》われる。これが「国」である。

弥生時代前期後半ごろから、墳丘墓《ふんきゅうぼ》など特定身分の墓域と、それのための祭祀の存在から、首長制による「国」が成立したとみられる。こうした「国」の姿は、対馬《つしま》、壱岐《いき》、末盧《まつろ》、伊都《いと》、奴《な》といった比定の明らかな地域の考古学的な様相と、吉野ケ里《よしのがり》遺跡及び周辺の遺跡群の実態の調査研究を通して明らかとなってきた。「国」は、現在のひとつの郡といった領域とほぼ重ね合わせる事ができる。これでいくと、九州北半部には、少なくとも四十くらいの「国」が存在する。

この「国々」が一〜三世紀をとおして、環濠《かんごう》集落を「国」の政治、経済、信仰の拠点としてそれぞれ拡充し、戦略的連合を形成するようになる。それは、紀元五七年の「漢倭奴国王」印綬《いんじゅ》、紀元一一七年の「倭国王帥升」など、後漢書の記すとおりである。

部族社会（国）相互の地域的な、ゆるい政治的連合の段階とみられる邪馬台国は、列島各地域に存在する部族社会の地域的連合の主役のひとつなのである。私はこの部族連合の世紀を邪馬台国の時代と考えている。

この部族連合が、他の部族連合との争乱のなかで、四、五世紀に、しだいにヤマト・キビ・イヅモ・ケヌ・ツクシなど列島各地に豪族連合として地域的王権を確立し、さらに、互いに抗争し、六世紀後半には、ヤマトの豪族連合がツクシを抑えて外交権を掌握し、古代国家成立への覇権を握ることになる。

このヤマト豪族連合は、豪族間の政治抗争を通じて、諸豪族の政治力が衰退し、七世紀後半には、天皇を権力の頂点においた律令国家を形成し、列島の大部分を支配する古代国家を確立したと私はみている。

文献史料からみた九州地方説

「魏志倭人伝（東夷伝）」記述の「趣旨」

「倭人」を含む東夷伝については、三国志・魏書・烏丸鮮卑《うがんせんぴ》東夷伝・第三十の「東夷伝」の冒頭に、その「趣旨」が明確に述べられている。それによって「魏志倭人伝」が記録された「趣旨」が理解できる。概略を記すと、

「魏が国をおこしてからは、…（東方の地域については）公孫淵《こうそんえん》が父祖三代にわたって遼東《りょうとう》の地を領有したため、天子はそのあたりを絶域とみなし、海のかなたのこととして放置され、その結果、東夷との接触は断たれ、中国の地へ使者がやってくるのも不可能となった。景初年間（二三七～二三九）、大規模な遠征軍を動かし、公孫淵を誅殺すると、さらにひそかに兵を舟で運んで海を渡し、楽浪《らくろう》と帯方《たいほう》の郡を攻め取った。これ以後、東海のかなたの地

域の騒ぎもしずまり、東夷の民たちは中国の配下に入ってその命令に従うようになった。その軍は極遠の地をきわめ、烏丸・骨都《こっと》をこえ、沃沮《よくそ》を通り、粛慎《しゅくしん》の支配地に足を踏み入れて、東海の大海に臨む地にまで到達した。（そこに住む）老人の言葉によれば、不思議な顔つきの人種が（さらに東方の）太陽が昇る所の近くにいる、とのことであった。ひきつづいてそのあたりの国々をくまなく観察してまわり、その掟や風俗を採訪して、彼らの間の大小の区別や、それぞれの国の名が詳細に記録されることになった。これらは夷《い》狄《てき》の国々ではあるが、祭祀の儀礼が伝わっている。中国に『礼』が失われたとき、四方の異民族の間にその礼を求めるということもありえよう。それゆえこれらの国々を順々に記述し、それぞれの異なった点を列挙して、これまでの史書に欠けているところを補おうとするものである」[1]

以上が魏書に東夷伝が記された「趣旨」である。ここで重要な記述は、東夷の地域は、祭祀の儀礼が伝わっているところで、中国に「礼」が失われたとき、「礼」の復活に参考にできると各地を詳細に記録したということである。

「礼」は、当時の中国にとって、基本的な国家秩序で、造物主としての祖霊の信仰を中心においた儀礼である。中国は、これを東夷の社会に見出し、烏丸鮮卑とはまったく違った印象の記述をしているのである。そのなかでも、倭人については、二〇〇〇文字足らずであるが、東夷中最多の字数で記録している。

よって、倭人社会にみえる「礼」とはどういうものなのか、弥生時代社会のなかに求めなければならない。「礼」的儀礼の中心となる祖霊信仰の萌芽と発展[2]は、弥生時代前期・中期（紀元前二、三世紀）の首長墓と祭殿の出現から、その儀礼が弥生時代後期（紀元一～三世紀）に継続する北部九州に求めざるをえない。「魏志倭人伝」の「趣旨」は、北部九州の邪馬台国時代を写したのである。

「魏志倭人伝」の「主題」

問題となる倭人の条はわずか漢字二〇〇〇文字たらずであるが、二、三世紀の日本列島における倭人の社会、政治、風俗、習慣、産物、自然、地理など、まとまったかたちで表した最古の文献である。

なかでも、魏国が、呉国との中原《ちゅうげん》の覇権を争う戦いにおいて、倭人を自らの支配秩序のなかに取り込む過程で、倭人社会の状況をどのようにとらえようとしたか、魏国にとって重要とされる記述を以下に「主題」として挙げてみる。

- 邪馬台国は、あわせて約三十の小国家と、「邪馬台国連合」とでもよぶべき地域的な政治勢力を構成していた。
- その統合の頂点にいたのが、三十国によって共立された女王卑弥呼《ひみこ》で、「鬼道《きどう》」において、優れた霊力を有し、邪馬台国に都（御家拠）をおいていた。
- この「邪馬台国連合」は、別の勢力、男王卑弥弓呼《ひみここ》の狗奴《くな》国連合勢力と、倭人社会の覇権をめぐって、永年にわたって、戦いを続けていた。

•卑弥呼は、当時の東アジアの宗主国、魏の国の皇帝に使者を送り、支援と倭王としての地位・身分を依頼した。

•魏の皇帝はそれに応《こた》え、卑弥呼は、「親魏倭王」に封じられ、金印紫綬《きんいんしじゅ》と多くの品物を、使者とともに賜った。にもかかわらず、女王国三十国の力がおよばない狗奴国連合、東海をわたる千里に倭人の「国々」の存在を記述し認識していた。

•魏は、使者を送り、黄幢《こどう》をあたえ、卑弥呼の邪馬台国連合の勝利を目指そうとしたが、卑弥呼は亡くなり、徑《けい》百余歩の墳丘に、多くの殉葬者を伴《ともな》って葬られた。

•その後、男王が立ったが、治まらず、国々が戦い多くの死者がでた。それで宗女の壱《い》(台《と》)与《よ》が女王となって、治まった。壱与も朝貢したが、倭王に封じられたのか、倭人社会を統一したのか、ということについて中国の史書は記していない。

・各「国」には、「租賦《そふ》を収む、邸閣有り、国々に市有り、有無を交易す、大倭をして監せしむ」。と既に労役を伴う租税制度があり、それを収納する倉や、備蓄の軍事的倉庫が設置されている。さらに、官設の市があり、「大倭」という身分によって、管理されていた。邪馬台国連合は、こうした「国々」の互いに接近し、利害を共通する地域的な戦略的連合である。また連合国間には、「一大率《いちだいそつ》」といった連合としての強い規制力があった。
・各「国」は、弥弥・多模などの身分と卑奴母離《ひなもり》・官など官制が未分化な状況で統治が為されていた。
・邪馬台国連合（女王国）は、「佐治男弟」というように、世俗的な実務的王権と、卑弥呼のような巫女《みこ》王とからなる二重の政体で治められていた。
「魏志倭人伝」の記述の主題は、ここにある。魏は、日本列島の倭地における邪馬台国に都を置く卑弥呼の連合勢力と、狗奴国に都を置く卑弥弓呼の連合勢力との間の政治抗争に強く関心をよせて、干渉したのである。このところを、三世紀の倭地の歴史的状況として理解することが、「魏志倭人伝」理解と邪馬台国論争にとって第一義的なところなのである。

考古学的成果からみた九州地方説

ここでは、邪馬台国成立の条件をこれまでの考古学的成果をふまえて考えてみる。

一、「国」成立の状況が明らかでなければならない。

- 当時の「国」の実態は、律令期および現在の郡にほぼ対応する。
- 末盧、伊都、奴国の弥生、古墳、律令期の遺跡・遺物のまとまりからみると、北部九州には約四十の国が存在する。
- 初期の律令国家の版図である地域（九州、四国、中国、近畿、山陰、北陸、中部、関東）には、弥生時代の特色である環濠集落が分布している。この地域が当時の中国がとらえた倭人の棲息《せいそく》地域である。「魏志倭人伝」の時代（三世紀）にはこれらの地域に、既に成立した国、国への発展途上の地域、あるいは目指す地域が数百はあった。

- 卑弥呼が統括した国は、三十である。北部九州域の国々で充分にまかなえる。
- 三十国が近畿を中心に存在するとした場合、あまりにも拡散し、こうした地域の弥生時代遺跡の存在、まとまりとあわなくなる。[3]
- 「倭人伝」は、倭人が、卑弥呼の女王国に属する三十国、狗奴国を中心とする国々、東方海の向こうに倭人がつくった国々があると、倭人を三つのグループに分けて記している。
- 倭人社会を、三十国のうちでは限定できない。卑弥呼の統括する三十国について、邪馬台国をはじめ各国は、九州北半部にあったと考えるのが自然である。

二、卑弥呼の館、都は環濠集落でなければならない。

・「魏志倭人伝」に卑弥呼の都するところとして「居所、宮室、楼観、城柵を厳重に設け、武器をもった人がまもっている」とある。「卑弥呼の都（御家処―館）」は、記述と符合する、城柵（土塁と柵）が確認できる吉野ヶ里等北部九州の環濠集落のことをさしている。

・このことは、同時に、吉野ヶ里をはじめ北部九州の弥生時代後期後半の環濠集落が「魏志倭人伝」の時代（三世紀）であることも示している。近畿地方には、この時期から古墳時代にかけてこの種の環濠集落は存在しない。

三、卑弥呼が都する邪馬台国は、国際性が豊かであらねばならない。

・北部九州の弥生時代後期後半の遺跡からは、日本列島各地はもとより、中国・朝鮮半島の文物や影響をうけた遺構が顕著である。後漢系の鏡、貨泉、権（天秤《てんびん》ばかりの錘）、大量多種の鉄器、漢式土器や中国甕城の形をうけた環濠集落や市などの遺構がある。

•中国後漢以後の「座北南朝」の城郭方位もみられる。

•纏向《まきむく》遺跡では、国際性が極めて貧弱でしかない。

四、卑弥呼のような巫女王の出現過程が考古学的に説明できねばならない。

•卑弥呼は、三十国によって共立され優れた霊能力をもったシャーマンの王である。

•北部九州では、墓から、弥生時代中期初頭（紀元前二世紀後半）に一定の社会的地位をもった巫女が出現する（多鈕細文鏡《たちゅうさいもんきょう》副葬甕棺―宇木汲田《うきくんでん》遺跡など[4]）。

弥生時代中期前半（紀元前二世紀末から紀元一世紀前半）には、その職能において社会的に高い地位をもつ巫女が出現する（多数の貝背製腕輪をもつ女性が身分の高い集団の墓地に埋葬される―花浦《はなうら》遺跡[5]）。

次に、弥生時代中期後半（紀元前一世紀末頃）に男王とともに、巫女王が一国の支配を担うようになる（男王墓と女王墓の出現—三雲《みくも》遺跡、立岩《たていわ》遺跡[6]）。こうして世俗的権威と聖体的権威とによる二重の政治形態が築かれる。やがて、弥生時代後期後半（紀元二、三世紀）には、複数・数十の国々に聖的王権を及ぼす巫女王が出現する（大量の破鏡の呪詛で、霊力を封じ込められた強大な権威をもつ人物の墓—平原《ひらばる》遺跡[7]）。北部九州以外の地域では、卑弥呼のような巫女王が出現する過程を、考古学的に追うことができない。

五、卑弥呼の墓は、徑百余歩でなくてもよい。小型の周溝墓《しゅうこうぼ》でよい。

- 「魏志倭人伝」に記述されている万以上の戸数、里程、寿命年齢、墓規模の歩数などの数字は、詔書にされた五尺刀二口、銅鏡百枚などの数的記述以外、信憑《しんぴょう》性がない。

　ここには紀元前からの中国の倭人観がある。それは、倭人は遠隔の地にあって、不老不死・長寿の薬草を産する理想郷としてのとらえ方である。極めつきは、マルコポーロの黄金の国「ジパング」である。

平原遺跡Ｉ号墓（福岡県糸島市／伊都国歴史博物館提供）

このような観点で、「魏志倭人伝」の史料批判が必要である。里程は魏の基準尺と合わない、戸数は伊都国・奴国とも奈良時代の人口より十倍近くになる、倭人の平均寿命が百歳以上とは考えられない、四から五人の妻を持つ、徑百余歩の墓は魏晋の理想社会の皇帝の墓がおよそ徑百余歩であることなどなど……、これらの数字を根拠に考古学史料と直結するのは危うい。

・卑弥呼の墓は、必ずしも邪馬台国にあるとはいえない。卑弥呼は三十国によって共立された王であり、霊力に秀でた巫女《ひい》で、三十国のどこかの国の出身である。よってその出身地が邪馬台国にある確率は三十分の一である。死後埋葬されたとすれば、古代の大王がそうであるように、出自の国である。したがって、北部九州に存在の明らかな国に卑弥呼の墓があってよく、それが糸島市平原遺跡のI号墓である可能性は、私は大きいと思う。

六、日本列島における古代国家成立過程を見通すと邪馬台国は九州にあったと考えるほうが合理的である。

•三世紀に日本列島の大部分を統括する政権は、成立していない。卑弥呼の統括する三十国の政権は、北部九州といった地域的なものである。したがって、九州南部、中国、四国、近畿、山陰、中部、北陸、関東など成熟度の差はあっても、それぞれの地域での中心となる政権が存在する。

それが、狗奴国との抗争にみられるように、三〜六世紀の抗争を通じて、ツクシ・キビ・イヅモ・ヤマトなど豪族を構成体とした地域王国が出現、それらが、列島の政治的覇権を賭《か》けたさらなる抗争の結果、六世紀後半に、ヤマトが古代国家成立の主導権を確立するのである。

そして、七世紀後半、豪族から実権を奪い、天皇を権力の頂点に置いた律令国家が確立したのである。

おわりに

日本列島における古代国家の成立は、列島社会のグローバルな課題であり、邪馬台国近畿説の背後にある『日本書紀』のような唯一、一系的な、権力の確立過程の合唱は、山陰・北陸・関東・中国・近畿・九州など各地の多様な政治社会の成立状況が徐々に明らかになりつつある地域史とは両立しない。

【注】

1　今鷹真・小南一郎訳「魏書Ⅳ」（『正史三国志4』、筑摩書房、一九九三・三）
2　高島忠平「吉野ヶ里」（『日本通史第2巻』、岩波書店、一九九三・一〇）
3　高島忠平「吉野ヶ里からみたヤマト」（『邪馬台国時代のツクシとヤマト』、学生社、二〇〇六・九）
4　岡崎敬監修「宇木汲田遺跡」（『末盧国』、六興出版、一九八二・五）
5　佐賀県神埼市教育委員会調査遺跡（報告書未刊）
　高島忠平「弥生王国の成立と巫女王卑弥呼共立の過程」（『邪馬台国徹底検証第一弾プログラム』、福岡歴史ロマン発信事業実行委員会、二〇〇八・三）
6　岡崎敬監修「立岩遺跡」（飯塚市教育委員会）
　『三雲遺跡Ⅳ』（福岡県文化財調査報告書第65集、福岡県教育委員会、一九八三・三）
7　柳田康雄他『平原遺跡』（前原市文化財調査報告書第70集、前原市教育委員会、二〇〇〇・三）

3

邪馬台国はどこにあったのか

出雲地方説《いずもちほうせつ》

岩田一平

**記紀神話とのつながりと、青銅器、遺構の出土。
——この地こそ、古代日本の中心地だった**

「四世紀に初期ヤマト王権が奈良盆地のあたりに出現するまえ、日本列島の文化の中心は出雲《いずも》を含む山陰地方だった」と見るのは、鳥取県米子《よなご》市の研究家の田中文也さんだ。米子医療生協の専務理事でもある。

邪馬台国の女王卑弥呼が魏に朝貢したとされる二三九年ごろが、ちょうどこの「山陰中心時代」にあたり、邪馬台国は山陰地方のどこかにあったのだろうという。

私は以前、『珍説・奇説の邪馬台国』（講談社、二〇〇〇年）で、全国各地にある邪馬台国比定地を取材したが、出雲もその一つだ。田中さんはそのころ、『さまよえる邪馬台国（邪馬台国山陰説）古代日本の中心地は山陰地方だった』（一九九八年）を自費出版されていた（その後も『新説邪馬台国山陰説』梓書院、二〇〇九年などを発表されている）。

田中さんは、もともと畿内には古代文明はなかったから、古代の日本の中心だった出雲系の神話が記紀神話のほとんどを占めたのだと推測している。高天原《たかまがはら》は山岳信仰の発祥、大山《だいせん》周辺のことで、葦原中国《あしはらのなかつくに》は湖沼や河川が入り込む島根の宍道《しんじ》湖、中海《なかうみ》や鳥取の淀江《よどえ》あたりで、たとえばスサノオのヤマタノオロチ退治は、島根県・揖斐《いび》川の治水工事に成功した指導者の故事を反映した神話ではないか……こんな話をうかがった。

たしかに、出雲の山中、神庭《かんば》荒神谷《こうじんだに》遺跡からは一九八四年、銅剣三五八本が発掘（それまで日本全国から発見された銅剣の総数を上回る数だ）され、一九九六年には、すぐ近くの加茂岩倉《かもいわくら》遺跡から三十九基の銅鐸《どうたく》（一か所からの発掘では日本最多）が見つかった。まさに古代青銅器文化のセンターだったことがうかがえる。ただし、これらの青銅器が埋められたのは一世紀後半ごろとされ、卑弥呼の時代から二〇〇年ほども遡《さかのぼ》ってしまう。山陰説が成り立つためには、この地方は、その後も長く他の地方に比べて生産力や文化の面で優位に立っていなければならない。そこをどう埋めるのか。

一九九八年、鳥取県西部の淀江町と大山町にまたがるゴルフ場予定地の丘陵で「吉野ヶ里級楼閣発見」のニュースが流れた。弥生時代の一世紀中ごろから、三世紀の邪馬台国の時代を経て、古墳時代にわたる巨大集落遺跡の妻《む》木晩田《きばんだ》遺跡だ。

楼閣といえば、「魏志倭人伝」における卑弥呼の居所について、「宮室・楼観・城柵、厳かに設け」のくだりに登場する楼観に相当する、脚の長い高床式の建物だ。妻木晩田遺跡の遺構は直径九十センチの九個の柱穴が「田」の字型に並んでいた。柱は太さ推定四十～五十センチで、これを立ち上げると、吉野ヶ里遺跡の高さ十二メートルの復元楼閣にも匹敵するという。

この妻木晩田遺跡が、邪馬台国なのか、あるいは、その一角なのかというと、具体的な証拠はない。むしろ、取材当時、私が発掘関係者から聞いたところによると、この遺跡で建物が集中する二〇〇年前後（「魏志倭人伝」で卑弥呼が多くの国から共立されたころ）をピークに住居が激減し、「王墓」も築かれなくなるというのだ。まさに卑弥呼朝貢の時期である。『後漢書』には、一四六年～一八

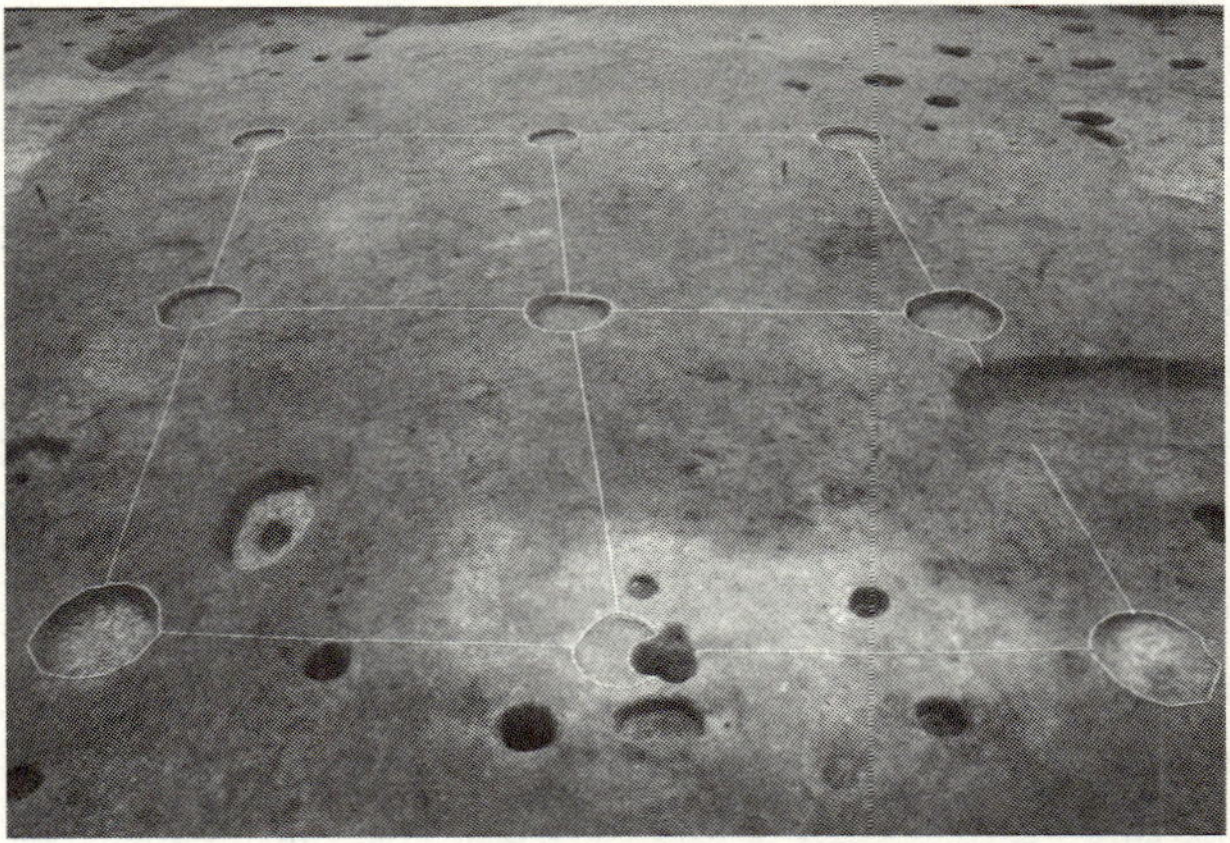

妻木晩田遺跡で見つかった遺構（鳥取県西伯郡大山町／大山町教育委員会提供）

九年のころ、「倭国大乱」の記述があるが、妻木晩田遺跡は、こうした戦乱に対し防備を固めた一種の高地集落であり、戦乱が終結して人びとは山を下り、どこか平地に拠点を移したのだろうか。

ここで挙げた山陰（出雲）説は、帯方郡からの旅程記述にこだわって邪馬台国の所在地を特定するのではなく、人や文物の流れ、神話のなかの史実を読みとり、山陰地方に邪馬台国の存在を探る、という大局的なアプローチが興味深い。

4

邪馬台国はどこにあったのか

吉《き》備《び》地《ち》方《ほう》説《せつ》

古墳はどこからやってきたのか？
箸墓出土の一片が示すつながり

これを明確な「吉備《きび》地方説」といってよいのか。著名な歴史・民俗学者だった和歌森太郎さん（一九一五～一九七七）が晩年の一九七五年、講演のなかで、「私は考古学者ではないから、考古学者の意見を聞いたり、あるいは報告書を読ませてもらったりするうちに、山陽道の吉備―岡山県のあたりが非常ににおうという感じです」（「私の邪馬臺国」『和歌森太郎著作集』四

特殊器台
（岡山県立博物館所蔵）

巻　弘文堂、一九八〇年）と、語った。

和歌森さんは、邪馬台国が存在したのは古墳時代以前と見たうえで、古墳は奈良盆地に突然出現したのでなく弥生時代の成熟から生まれたとみて、こう指摘した。

「その成熟がうかがえるのは、山陽道から近畿地方の西部摂津、播磨の瀬戸内海沿いにわたってでしょう。そういう点で、山陽道の、しかも中部から東部にかけてのあたり、このへんをおさえることで邪馬臺国らしいところを求める可能性が出てこないかなと思います」（同）

もう三十数年前の指摘だが、傾聴に値する。近年、最新の年代測定法などを使い、奈良盆地の古墳出現と邪馬台国を重ねあわそうという空気がマスコミや一部の研究者にあるが、もう少し慎重に、いろいろな可能性を検討すべきではないか。

いま「卑弥呼の墓」の有力候補に祭り上げられた感があるのが、奈良県桜井《さくらい》市にある前方後円墳の箸墓《はしはか》だろう。じつは、その頂あたりから吉備の弥生時代後期の墳丘墓から特徴的に見つかる土器と同じ形式の「埴輪《はにわ》」の破片が見つかっている。「特殊器台」といわれるものだ。筒状の台に壺を載せた土器である。奈良盆地の初期の前方後円（方）墳で、この吉備起源の特殊器台型の「埴輪」が特徴的に見つかるという（広瀬和雄著『前方後円墳の世界』岩波新書、二〇一〇年）。特殊器台→特殊器台型埴輪ときて、その発展型が円筒型埴輪とされる。

岡山県立博物館に陳列されている宮山遺跡出土の特殊器台は高さ九十五センチもある。筒部はまるで土管のようだ。吉備の弥生集落で壺と筒型の台のセットが発掘されるが、弥生時代後期になると、このセットが合体した特殊器台が墳丘墓から見つかるようになる。ムラの祭りで酒を酌み交わしていたのが、やがて首長の権力が大きくなり、墳丘墓が築かれると、その墓前で儀礼が執り行われるようになって、ムラ祭りと首長の葬送儀礼が切り離されたとみられている。「魏志倭人伝」の「喪主は泣き叫び、他人は歌舞飲食す」が浮かぶ。

同じ「魏志倭人伝」には卑弥呼の墓は「径百余歩」とあるが、邪馬台国時代の吉備の墳丘墓である楯築《たてつき》遺跡の規模はそれに近くないだろうか。直径四十数メートル、高さ五メートルほどの円形墳丘に、北東と南西には両腕のような突出部がある。主体部は木槨《もっかく》（棺を納める木製の箱）のなかに木棺が収められ、棺の内側には当時は貴重な水銀朱が三十キロも溜まっていた（近藤芳郎著『楯築弥生墳丘墓の研究』楯築刊行会、一九九二年）。前方後円墳墓の祖形の一つとされる弥生時代の大型墳丘墓だ。

この遺跡上の祠《ほこら》には稲束を輪にしてねじったような不思議な「弧帯文《こたいもん》」と

いう文様をいくつも施《ほどこ》した「亀石」という正体不明の石造物が鎮座する。地下からも弧帯文の入った石や特殊器台の破片などが見つかった。なんと同じ弧帯文の入った「弧文円板《こもんえんばん》」が、最古級の古墳の一つで箸墓に近い纒向石塚《まきむくいしづか》古墳（桜井市）からも見つかっている。

吉備地方の水田開発は近畿地方に先行するという研究者の説もある。邪馬台国の戸数七万という「魏志倭人伝」の記述は誇張があるのかもしれないが、古代吉備の経済力も、この地に邪馬台国があってもおかしくない傍証ではあるまいか。

5 邪馬台国はどこにあったのか 阿波地方説《あわちほうせつ》

幕末の勤皇国学者のいう「本つ国」には、巫女にまつわる伝承を伝える寺があった

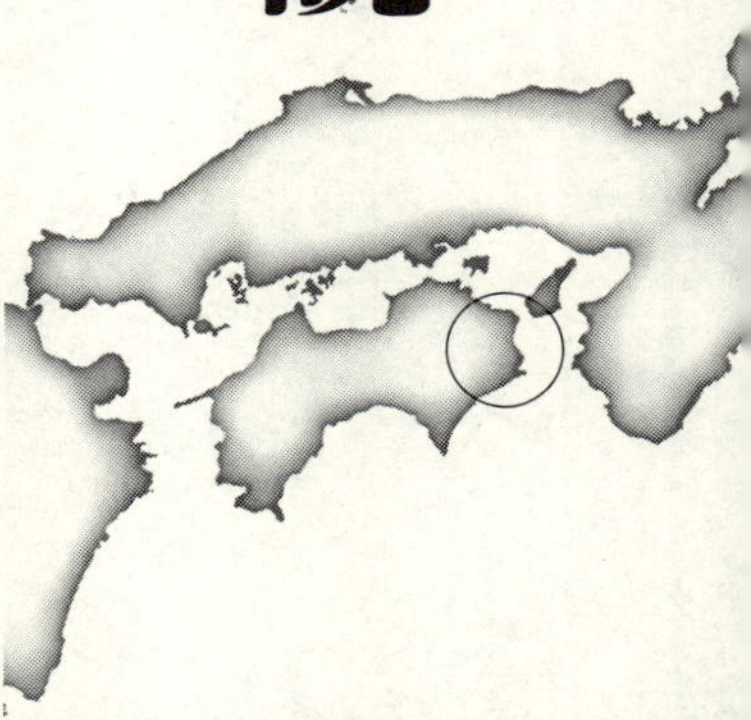

四国・阿波《あわ》を邪馬台国に比定する論者は地元にかなりいらっしゃるようである。一つの契機が、一九七六年、地元の史家たちからなる古代阿波研究会が著した『邪馬壱国は阿波だった―魏志倭人伝と古事記の一致』（新人物往来社）の発刊とみられる。同書は大略、阿波には高天原が実在し、天照大《あまてらすおおみ》神《かみ》は卑弥呼のことであって、卑弥呼が都とした邪馬台国は阿波で、都はやが

て大和に遷ったとする。阿波の地名や神社の縁起が、この説に結びつけられる。

現在に至るまで四国説はさまざまに分岐して唱えられているが、その中でもアグレッシブな研究家で『邪馬台国はまちがいなく四国にあった』（たま出版、一九九二年）の著者、大杉博さん（三好市池田町）に取材したことがある（前掲の拙著『珍説・奇説の邪馬台国』）。

七世紀中国の百科事典『翰苑《かんえん》』に「倭地は洲島の上に絶在し、或いは絶え或いは連なり、周旋五千里可《ばか》り…」とある記述に注目した大杉さんは、四国全図の平地と台地の境にあたる等高線をたどってみた。すると「山が台状に連なる」＝台国で、「変な馬の姿をしている」＝邪馬。しかもその周囲を計ると延長四〇〇キロ〜四五〇キロで、「周旋五千余里」に匹敵する……。

古代阿波研究会や、同会に所属したこともある大杉さんらが邪馬台国女王、卑弥呼の都として比定したのが、徳島県神山町神領字高根《かみやまちょうじんりょうあざこうね》。四国の大川、吉野川に注ぐ鮎喰川《あくいがわ》の上流、四国脊梁《せきりょう》山脈のただ中、標高六〇〇メートルの高地だ。そこにある悲願寺《ひがんじ》あたりが「魏志倭人伝」にある卑弥呼の宮室・楼観の跡といい、境内には「高根悲願寺開基以前は山神社で、巫女が神を祀っていた伝承があり…」という看板があった。悲願寺は神山町のホームページの観光・イベント情報にも「神山町邪馬壹国説を有力にする時代を超越した場所」と紹介されていた。

大杉さんらが考える、「魏志倭人伝」に「径百余歩」と書かれた卑弥呼の「冢《ちょう》」（墳墓）は徳島市国府町の天石門別八倉比売《あめのいわとわけやくらひめ》神社にある。祭神は大日孁女命《おおひるめのみこと》。天照大神の古名という。境内には、なんと天照大神の葬儀の模様が古文書に伝わっているとの内容の看板が立っていた。

大杉さんらは天照大神＝卑弥呼説である。拝殿の裏の小山に五角形の石積みの祭壇があり、これが卑弥呼の墓とされる。近くの宮山古墳からは三角縁神獣鏡が見つかっているといい、それなりに邪馬台国の時代とのつながりがうかがえるのだが。

邪馬台国四国説の背景には、幕末の阿波の勤皇国学者、池辺真榛《いけべまはり》がいる。

池辺は平安時代の法令集『延喜式』を研究するなかから、阿波国を日本の「本つ国」と称した。その影響を受け、維新後に東京美術学校教授になった小杉榲邨《こすぎすぎむら》が阿波神代史を研究、さらにその流れをくみ、樺太《からふと》・択捉《えとろふ》の探検でも知られる明治中期の徳島中学校長の岡本監輔《おかもとけんすけ》が、「神代の高天原は阿波の国をさすと思われる」と公言したという話が地元に伝わっている。

儒学者の新井白石《あらいはくせき》、国学者の本居宣長《もとおりのりなが》も漢籍や記紀の研究から邪馬台国の所在地には関心をもち、明治時代になると歴史学や考古学の知識を用いて邪馬台国が論じられた。阿波の史家たちも、全国的な学問の潮流のなかから、独自の邪馬台国四国説を打ち立てていったとみられる。

「魏志倭人伝」の倭の記述に「その山には丹（水銀朱）あり」とあるが、徳島県阿南《あなん》市の若杉山《わかすぎやま》遺跡は弥生時代後半から古墳時代初頭の全国最大級の水銀朱採掘・精製遺跡。まさに邪馬台国と時代が重なる。邪馬台国の存在をにおわす考古学上の傍証である。

6

邪馬台国はどこにあったのか

越《えち》後《ご》地《ち》方《ほう》説《せつ》

縄文時代、大陸からやってきた越人たち。彼らの子孫が王国を創り上げた……

新潟県長岡《ながおか》市の研究家で複写機・文房具販売会社「玉源」会長の桐生源一氏は、地元・栃《とち》尾《お》を含む新潟県を邪馬台国の比定地として推す。『邪馬台国は新潟県であった！』（一九八五年）をご自分の会社から出版し、郷土愛に満ちた説を唱えてこられた。

古代、新潟から北陸にかけての地域は「高志《こし》（越）」と呼ばれた。なかでも栃尾・長尾周辺は十世紀の漢和辞典『和名抄』の地名が「夜麻《やま》郷」だった。

ところで、歴史家、古田武彦氏の「邪馬台国は邪馬壹国《やまいちこく》だった」という説は一世を風靡《ふうび》したが、桐生氏によれば、ネイティブな新潟県人は「イとエの発音が区別できず、越後はエチゴでなくイチゴ」。邪馬壹国は越後では「エマエツコク」。つまり、夜麻＋越＝邪馬壹国なのだ。

日本列島がまだ縄文時代だった七〇〇〇年前、中国南部の揚子江流域は越国だったが、中国の戦国時代の紀元前三三四年、楚によって滅ぼされた。桐生氏は、越の遺民がボートピープルになり日本列島にたどりついたと推理して、その越人が先住の縄文人と同化し、後に高志国＝邪馬壹国を生んだとみる。

西日本がすでに弥生時代早期に入った二六〇〇年前でも、青森、秋田、岩手を中心とした北東北・北海道は亀ヶ岡《かめがおか》土器を特徴とする強大な縄文文化圏にあった。その文化圏の南限が長岡市あたりだ。長岡市には、信濃川岸の段丘に、邪馬台国より若干古い縄文晩期（三〇〇〇年前～二三〇〇年前）の大集落、藤橋遺跡がある。周辺には同じ段丘に沿って、馬高・三十稲葉《さんじゅういなば》遺跡、岩野原《いわのはら》遺跡などの縄文遺跡が点在し、繁栄ぶりが偲ばれる。

とくに国史跡にも指定されている藤橋遺跡には、棟持ち柱をもつ高床式建物が復元されている。弥生以降と思われがちだが、縄文文化圏にも高床式建物があったのだ。「魏志倭人伝」のイメージに一歩近づく建物ではあるまいか。ただし、復元展示されている建物は地面から床まで五十〜六十センチしかなく、楼観・宮室というには、いささかミニではあるのだけれど。

もう一つ。桐生氏が注目したのは、「魏志倭人伝」に卑弥呼の後継者、壱《い》与《よ》が魏に孔青大句珠《こうせいだいくしゅ》（青い大型勾玉）二枚を朝貢したという記述だ。また、「魏志倭人伝」には倭の産物として「真珠・青玉」が挙げられているが、桐生氏は、この青玉はヒスイのことで、青大勾珠もヒスイ製だったとみる。

縄文時代から古墳時代にかけて、勾玉や大珠などのヒスイ製品は珍重されたが、これらの古代日本のヒスイ原産地は、化学成分や光学的な測定などから富山県境に近い新潟県の糸魚川《いとい》周辺にほぼ限られるとされる。まさに、ヤマエツ国に近接した地域だ。邪馬台国の版図に糸魚川のヒスイの山があったというわけだ。

先に挙げた藤橋遺跡からは、勾玉や珠や、それらの半製品が見つかっているが、その中にヒスイも含まれている。藤橋遺跡の集落には糸魚川のヒスイが原石か半製品で運ばれ、そこで加工されたとみられる。藤橋遺跡は当時、信濃川流域の縄文大国の「都」だったのかもしれない。

藤橋遺跡の高床式建造物（新潟県長岡市／長岡市教育委員会提供）

越人と縄文人王国はどうなったのか。桐生氏によれば、出雲だけでなく長岡市栃尾にもスサノオノミコトに討たれるヤマタノオロチ伝説があるが、この伝説は大和の政権（天孫族）に高《こ》志《し》王《おう》が謀略によって討たれたという話が、出雲であったかのような事件に置き換えられたのではないかというのである。そういえば『古事記』には、ヤマタノオロチが「高志の大蛇」と書かれている。この符丁は、なんとも意味深だ。

7 邪馬台国はどこにあったのか 東《ひがし》日《に》本《ほん》／沖《おき》縄《なわ》説

山岸良二

長野？　千葉？　福井？　石川？　はたまた沖縄？
東国と南西諸島で存在感を放つ、邪馬台国候補地

〔1〕千葉県館山《たてやま》市近辺説

同県の私立二階堂《にかいどう》学園（日本女子体育大学を傘下にもつ学校法人、千葉県内に我孫子二階堂高校をもつ）顧問の鈴木正知《すずきまさかず》氏が昭和五十六年（一九八一）に『邪馬台国に謎はない』（新人物往来社）中で提唱している「邪馬台

国＝安房国」説である。

安房館山付近は東京湾口の太平洋に面した気候の良い港町として知られている。

氏は「魏志倭人伝」時代の方角は太陽の動きに合わせて決定していたはずで、今日の方向とは異なるので、大きなズレを考慮する必要があるとし、里程記事をも考え「投馬国＝近畿地方」と考え、その地点から「水行十日、陸行一ヶ月」は自然と房総《ぼうそう》半島南端に到達するとした。

後世、紀伊《きい》半島と房総半島との海路上での密接な結びつきは「醤油《しょうゆ》の原産地が紀伊・湯浅」である事実でもよく知られている点であり、この鈴木説もその辺の交流を意識しているようである。

同市内には弥生時代から古墳時代の集落跡として萱野《かやの》遺跡があるが、邪馬台国時代に該当する墓遺跡や鏡出土遺跡は同市内からかなり北側の房総半島中央部木更津《きさらづ》、君津《きみつ》地区にしか検出されておらず、考古学的には根拠を欠く説である。

〔2〕千葉県我孫子《あびこ》市近辺説

我孫子は南の手賀沼《てがぬま》と北の利根川《とね》に挟まれた、古来より水運や利水の便が良い地域として有名である。

古代史研究者である伊藤邦之《いとうくにゆき》氏が昭和五十八年（一九八三）に『邪馬壱国』（日本古代史刊行会）で提唱したものである。伊藤氏の論は邪馬台国を原文どおり「邪馬壹国」と発音するのが正しいとし、当時の音は「ヤマイェ」と読んだと考えた。この「ヤマイェ」とは農業祭祀の新嘗《にいなめ》神事において神に豊穣を祈願するために、木の枝を組んだ「弥間枝《ヤマエ》」から由来しているとした。

そして、下総《しもうさ》・上総《かずさ》の「総（フサ）」とはこの神事で使う木の枝」と考え、総国（フサ）＝木の枝の国＝弥間枝国＝邪馬台国とし、フサの中心は『和名抄』に出てくる下総国相馬《そうま》郡布佐《ふさ》郷＝現在の千葉県我孫子市と想定している。

近隣には竜角寺《りゅうかくじ》古墳群、我孫子古墳群が所在するが、これらの古墳群は築造年代が六世紀を主体とするものであり、邪馬台国時代に該当する墓遺跡は隣接の柏市域に方形周溝墓群（三ケ尾宮前《さんがおみやまえ》遺跡など）がいくつかあるのみである。

〔3〕福井県鯖江《さばえ》市／越前《えちぜん》市近辺説

映画監督として著名であった武智鉄二《たけちてつじ》氏が昭和五十年（一九七五）に『古代出雲帝国の謎』（祥伝社）の中で提唱した説である。そもそも鯖江《さばえ》の命名由来は、第十代崇神《すじん》天皇の時代に帝の命を受けて北陸平定を行った大彦命《おおひこのみこと》が、戦闘で使用した矢が鯖の尾に似ていたという故事からといわれている。事実、現在鯖江市にある舟津《ふなづ》神社の祭神は大彦命である。

武智説は「邪馬壹」は魏代の音韻では「サバイ」と読むのが正しく、この音韻が一致する場所が「鯖江」であるとする。さらに、北方騎馬民族《きばみんぞく》の一派テュルク人が、紀元前三〇〇～四〇〇年頃、金属精錬《きんぞくせいれん》技術と水稲農耕風習をもって列島に移住し、この鯖江に「邪馬壹国」を創り上げたとしている。

最新技術をもつ彼らは、その後順次、大和や出雲《いずも》地域を制圧し、最終的に大和へ移動したので、その時点で国名を「邪馬台国」にしたと説いている。

なお、武智氏は同じ「サバイ＝邪馬壹」が転化した可能性のある地名として長野県諏訪《すわ》を挙げ、ここも邪馬台国の一候補地にしている。（昭和五十一年〈一九七六〉「諏訪」『歴史と旅』六月号／秋田書店）

舟津神社の隣には弥生時代末期から古墳時代にかけての代表的な王山《おうざん》・朝《ちょう》泉寺《せんじ》山墳墓群がひろがっている。金属製品を多数副葬する台状墓で構成されており、この地域にかなりの有力な大規模集団がいたことが推測されている。考古学的にも興味深い地域ではあるが。

〔4〕長野県八ヶ岳《やつがたけ》高原付近説

郷土史家の奥平里義《おくだいらさとよし》氏が昭和四十八年（一九七三）に『新日本誕生記』（日本総合出版）で提唱している説である。『記紀』にある国生みの場面が八ケ岳高原の地形に合致しているとして、いわゆる「大八洲《おおやしま》」が八ケ岳高原から流れる釜無川《かまなし》、笛吹川、富士川など八本の河川が形成する扇状《せんじょう》地状《ちじょう》の八中洲を指していると考えた。そして、その大八洲のもとが「オノゴロ島」でこの地点こそが「邪馬台国」となると想定したのである。

この地域は縄文遺跡の宝庫であり、祭祀遺跡として大量の配石遺構や石棒などの特殊遺物が発見された金生《きんせい》遺跡、同じく大量の土偶が発見された釈迦《しゃか》堂《どう》遺跡などが注目されるが、年代的には全く異なる。

山梨県側になるが、明野村大日川原《だいにちがわら》遺跡からは古墳時代初頭（四世紀初頭）の方形周溝墓群が発見され、その墓から貴重な「三口付壺形土器」が検出されている。この点は注意してよいだろう。

〔5〕石川県羽咋《はくい》市付近説

作家の能坂利雄《のうさかとしお》氏が昭和五十一年（一九七六）「能登――女神と幻の日本

海王国」(『歴史と旅』六月号/秋田書店)で発表した説である。能登《のと》半島の付け根にあたるこの地域には「なぎさドライブハイウェイ」として有名な千里浜《ちりはま》が広がっている。

氏はこの日本海を流れる「リマン海流」に注目し、ロシア極東部から朝鮮半島東部海岸へ流れ、反転して日本海岸に漂着するこの流れが半島から多くの事物をもたらしたと考えた。次に、羽咋地方に残る「女神神話」にも注目した。それは、羽咋の眉丈山《びじょうさん》にいた能登姫が姉にあたる倉姫の夫伊須流伎《いするぎ》比古《ひこ》を誘惑し、これがもとで戦いが起こる。

この戦いをちょうど出雲からきていた大国主神《おおくにぬしのみこと》が仲裁した内容を、「当時この地に移住していた半島からの民族が大和民族に服従した経緯」と考え、能登姫が邪馬台国の女王卑弥呼であった可能性にも言及している。氏は条件が全て揃ってはいないという付帯事項をつけてはいるが。

同市内には吉崎《よしさき》・次場《すば》遺跡があり、この遺跡は弥生時代中期から後期の大集落である。住居内から小型国産鏡も発見されており、単なる集落ではなかった可能性をもっている点は注目すべきだろう。

〔6〕静岡県静岡市／焼津《やいづ》市近辺説

古代史研究家の肥田政彦《ひだまさひこ》氏が昭和五十六年（一九八一）に『邪馬壱国（所謂邪馬台国）は焼津・登呂』（自費出版本）で発表したものである。焼津の地名は『記紀』によれば、日本 武 尊《やまとたけるのみこと》が火を放って賊軍を打ち破った「やきつ」から転化したといわれている。

肥田氏によれば、魏使らは太陽が真東から昇る「春分の日」に朝鮮半島帯《たい》方郡《ほうぐん》を出発、その後も原則として太陽の昇る方向を真東と考えていたため、当然わずかながら方角にズレが生じてきた。

このため、八月頃には邪馬台国＝焼津・登呂に到着したと考えた。そして、富士山本宮浅間《ほんぐうせんげん》大社を「卑弥呼の墓」と考え、その根拠に『大日本地名辞書』にある同神社の由来が「山上に神女現はれて火炎揚りければ、『火御子《ひみこ》』と号つく」との記事から「火御子」＝「卑弥呼」へと繋げている。

国史跡静岡市登呂遺跡がどうしても注目されるが、同遺跡は弥生時代後期の水田遺構を主体とする生産遺跡であって、規模は大きいものの祭祀的、政治的にはさほど拠点となっていなかった集落である。また、近接地では有力な墓遺跡は検出されていないが、近年登呂遺跡より東の瀬名《せな》、河合《かわい》遺跡で多数の方形周溝墓群を伴う大規模な水稲農耕集落が発見されており、この新技術を保有した集団が弥生時代中期には西から移住してきたことを示唆している。

〔7〕静岡県賀茂《かも》郡南伊豆町付近説

焼津・登呂説を唱えた肥田氏が晩年の昭和六十三年（一九八八）に「邪馬壹国は静岡県賀茂郡南伊豆町南部」（『近畿大学新聞』三二一号／近畿大学）に発表した新説である。先にみた房総説同様に水行を考慮すれば、太平洋岸のこの地域に到達するという背景もある。

氏は、「魏志倭人伝」に記載された風習や自然風景に全て合致する地域は南伊豆地方しかないと談じている。そして、南伊豆町に伝承されている大山祇《おおやまづみ》王朝（第七代孝《こう》霊《れい》天皇）の中で、大山祇の娘磐長《いわなが》姫＝卑弥呼、大市《おおいち》姫＝台与と考えた。

この地域では河川改修工事で発見された日詰《ひづめ》遺跡が注目される。弥生時代後期の集落と方形周溝墓群、古墳時代中期の集落と祭祀跡などから大量の遺物も検出され、早い時期から何らかの「海洋」「水辺」関係祭祀民が居住していたことを推測させている。

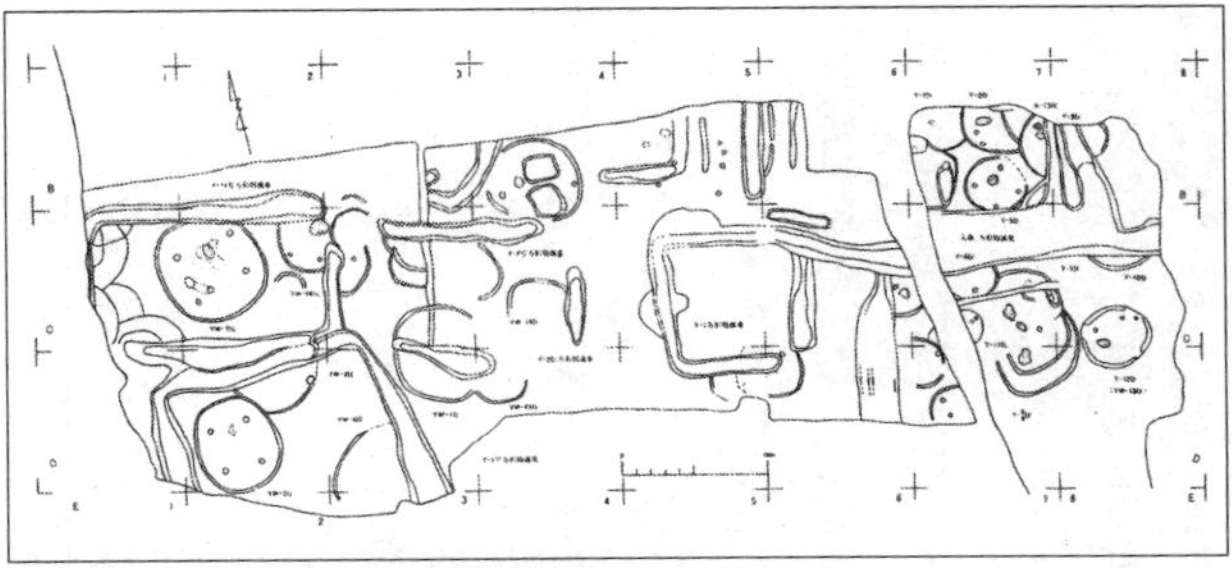

静岡県日詰遺跡方形周溝墓群全体図
『静岡県日詰遺跡方形周溝墓群全体図』報告書より（1978年／南伊豆町教育委員会）

沖縄説

「魏志倭人伝」邪馬台国へのルートを率直にたどると、海中に没してしまう。そうしたことから、邪馬台国の場所は本州ではなく、南西諸島（琉球列島）のどこかではないか、との説がある。

これは平成四年（一九九二）の『南海の邪馬台国』で、琉球大学木村政昭氏が提唱したもので、「魏志倭人伝」の中の「倭人は当に会稽の東治の東にある」という記事から、会稽が中国・福州近辺にあり、その東治の東にこそ邪馬台国は存在し、素直に地理的に見れば、沖縄諸島にあたるとしている。しかも、同誌に「皆鯨面文身」という「入れ墨」がある記述がある点も、沖縄の風俗と合致していると指摘する。

その上、ここ数年、八重山諸島の海底には人工的な石段や石組みの遺構が多数発見されており、一部では縄文時代早期ころに構築されたとする説があることが、この説の追い風となっている。

＊　＊　＊

邪馬台国所在地を提唱する多くの研究者らは、「魏志倭人伝」記載記事の中から、自分の所説に合致するような「里程部分」「方向部分」に拘泥したり、類似・音韻《おんいん》極似地名（例えばヤマト＝熊本県山門郡）などの探索から独自・独特の意見陳述を展開してきた。

このため、現在では全国で九十ケ所以上の邪馬台国候補地が名乗りを挙げている（参考文献・邪馬台国探検隊『邪馬台国への旅』東京書籍／二〇〇六年）。

邪馬台国の比定地は、発表する人の数だけ説があるともいわれ、ある意味、無数にあるとも考えられる。どの説も、独創的かつユニークで、自由な発想に富んではいるが、しかし決定的な証拠に欠ける場合が多い。

このように独自の説が展開できることも、邪馬台国研究の醍醐味《だいごみ》であるかもしれない。

邪馬台国ブームをつくった男たち 2

宮崎康平

〝穴狙い〟が的中して大ヒット

まぼろしの邪馬台国

昭和四十年代に燃え上がった戦後最初の古代史ブームの火つけ役となったのは、盲目の作家宮崎康平《みやざきこうへい》の『まぼろしの邪馬台国』である。

宮崎が、妻和子の助けを借りて九州各地を実地調査し数年かけてまとめた長編レポートは、最初は月刊同人誌〈九州文学〉に十回連載された。それが、同じ島原出身の画家永田力の仲介により講談社で出版されることになり、昭和四十二年（一九六七）一月に刊行。講談社が社内の各雑誌をあげて「盲人文学者が妻の純愛にささえられ果たした大事業」キャンペーンを繰り広げると、爆発的に売れたのだ。

その年四月には、同書で第一回吉川英治文化賞を夫婦で受賞。続いて、菊田一夫演出、森繁久彌・山田五十鈴主演で、日比谷の宝塚劇場で『まぼろしの邪馬台国』の一ヶ月公演。宮崎の波乱の人生はそのままドラマになる。宮崎に扮した森繁が、前妻が家出したため、乳飲み子をあやしながら宮崎作の『島原の子守唄』を歌う場面では、客席からすすり泣きの声が洩れ、公演は連日満員の盛況だった。

奔放な半生

無名の地方作家からマスコミの寵児に！

実は、宮崎康平（本名は懋《つとむ》、失明後に改名して一章《かずあき》）は地元では以前から

「有名人」だった。本がベストセラーになった時、「島原半島の住民たちは〝とうとう、ほら吹き康平が、ほらを吹き当てた〟といって笑った」（高尾実著『盲目の作家・宮崎康平伝』）。

宮崎は大正六年（一九一七）五月、長崎県南高来《たかき》郡杉谷村（現、島原市）に生まれた。鉄道関連の土建業者で後に県会議員となった土地の名士の次男。洋館に住む利発な「お坊っちゃん」だが、極端にワガママで黒を白と言いくるめる弁舌の才が際立っていた。

中学を卒業後上京し、早稲田大学文学部に入学。本人によると、劇作家を目指したが、津田左右吉《つだそうきち》の古代史の講義を聴いて魅了され、卒業した昭和十五年（一九四〇）に津田の著作が発禁となって津田が逮捕されると、「われわれの手できっと神話を解き明かし邪馬台国を探し出してみせる」（『言いたか放題』）と心に誓ったという。

卒業後は東宝文芸課に入ったが、兄の死去で帰郷、家業の宮崎組を継ぐ。そして、「宮崎組の詩人若大将として、また南旺土木の放蕩社長として、また島原鉄道の乗っ取り重役として、また雲仙島原の二号連れの食客として」島原半島一帯にその名を馳せた（小池亮一著『夢を喰う男—宮崎康平伝—』）。

土木、建築、鉄道経営、文芸、園芸、畜産、選挙、観光と雑多な分野で口八丁手八丁の活躍。加えて名だたる艶福家だった（伝記を書いた高尾は、宮崎の度を越した放蕩の理由を、大学時代から視野狭窄《しやきょうさく》が進み盲目への恐怖感に支配されたせい、としている）。

失明が照らした古代への道

完全に失明したのは昭和二十四年（一九四九）、三十二歳の時だった。天皇のお召列車の島原鉄道乗り入れを実現するため、島原鉄道常務として突貫工事を推進。極度の過労から眼底網膜炎を悪化させたのである。

しかし、島原鉄道を去って浪々の数年間も、愛人連れで知人宅を居候して回り、オーストラリアから乳牛一〇〇頭を導入して島原半島に酪農の基礎を築いたり、地元出身の菊田一夫に掛けあい映画『君の名は』の終盤の舞台を強引に島原・雲仙に設定させ、一帯を一躍有名観光地にしたりと、少しもジッとしていない。発想と行動力が盲人とは思えぬ規模なのだ。

そして昭和三十一年(一九五六)、NHK福岡放送局でラジオの脚本を書いていた宮﨑は当時声優だった長濱和子と出会ったことで人生の転機を迎える。その後すぐに宮﨑は島原鉄道常務に復帰、和子を入社させた。

翌年、和子と再婚後間もなく、諫早《いさはや》大水害が発生。鉄道は壊滅的被害を受けた。復旧に尽力した宮﨑に、現場から続々と縄文や弥生の土器の出土報告が届いた。郷土に遺跡があったのではなく、遺跡の上に郷土がある! 遠い昔に津田教授から学んだ邪馬台国が甦り、「康平はしめたと思った」(『盲目の作家・宮崎康平伝』)。

妻の献身と尽きぬ情熱

それからの宮﨑は郷土の古代史研究に没頭した。「島原史学会」を結成して会長に就任。〈九州文学〉に『まぼろしの邪馬台国』連載を開始する昭和四十年（一九六五）までに、島原半島だけでも二百数十ヵ所の遺跡調査を実施し、三十ヵ所を発掘した。

そんな宮﨑の活動すべてを支えたのが和子である。元声優の和子は大の本好きだった。和子が『魏志』倭人伝、『古事記』『日本書紀』などの重要個所をテープレコーダーに吹き込み、宮﨑がそれを何百回となく聞いて推理を展開、和子が裏づけ調査し二人で実際に現場調査に出かける、というやり方だ。

宮﨑は常に言っていた。「『古事記』の時代に文字はなかった。目が見えない自分は目明《めあ》きよりも稗田阿礼《ひえだのあれ》に近い。古代史研究は漢字に囚《とら》われない盲人の方が有利だ」と。

こうして宮崎は、『魏志』倭人伝に記載された文章を「素直に耳で聞くことによって」、邪馬台国が島原半島にあったと結論した。厳密にいえば、諫早湾南岸の吾妻町を中心とした愛野町、瑞穂町、国見町（以上、現、雲仙市）と森山町（現、諫早市）である。

島原鉄道で長年宮崎に仕《つか》えた相川勝美は言う。「宮崎さんは穴を探して、それを生かすのが実にうまかった。（中略）『まぼろしの邪馬台国』の大ヒットがそうでしょう。ああいう古代ものだと、実際の証拠が何もないわけですから、どんな大学者も、反論の決定的なキメ手をもたないことになり、そこに、ズブのシロウトの宮崎さんが、勝手な熱を吹ける下地が成立する。古代、というものが、穴なんですね」。

『夢を喰う男―宮崎康平伝―』のなかの言葉だが、著者の小池亮一も最後にこう述べる。無軌道・破廉恥な人生を送った宮崎だが、お召列車、災害復旧、古代史による地域振興などイザという時は馬鹿力を発揮した。宮崎の人生は盲《めし》いた激怒から生まれたのだ、と。

（足立倫行）

第三章

邪馬台国とは どんな国だったのか

女王・卑弥呼とは何者か？
人々の暮らしの様子は？　その時、世界は？
――あらゆる角度からクローズアップ

1 世界の中の邪馬台国

邪馬台国とはどんな国だったのか

森 公章

邪馬台国を理解するうえで欠かせない東アジア情勢。
卑弥呼と交流のあった大陸や半島では、そのとき何が起きていたのか

ここでは邪馬台国《やまたいこく》をめぐる問題のうち、その時代背景となる国際情勢について、倭国《わ》と東アジア諸国の関係、朝鮮半島の動向、三国時代の中国、とくに魏《ぎ》や呉《ご》の半島・列島への視点に留意して、論点を整理したい。邪馬台国に治所を置いた倭の女王・卑弥呼《ひみこ》の時代は、中国では後漢末から三国時代の混乱期であり、朝鮮半島を含む東アジアの動向を理解しておくことも重要である。

倭国の存立と国際関係

「魏志倭人伝《ぎしわじんでん》」によれば、二三八年（景初二）六月、倭国の女王卑弥呼は帯方郡《たいほうぐん》（大韓民国ソウル付近）を介して、魏の皇帝に朝献したい旨を伝え、大夫難升米《なしめ》らが洛陽《らくよう》に詣でる。その年十二月に魏は詔書を下して、卑弥呼を「親魏倭王《しんぎわおう》」に冊立《さくりつ》し、金印紫綬《きんいんしじゅ》を与え、また銅鏡一〇〇枚、錦・絹などの高級織物、刀、真珠、鉛丹などを賜り、「悉《ことごと》く以て汝の国中の人に示し、国家（魏のこと）汝を哀れむを知らしむべし。故に鄭重《ていちょう》に汝に好《よ》き物を賜ふなり」と伝達している。二四〇年（正始元）には帯方郡の太守弓遵《きゅうじゅん》が梯儁《ていしゅん》らを倭国に派遣し、詔書・印綬やその他の賜物を届けたという。

この二三八年という年次に関しては、当時はまだ遼東《りょうとう》方面から楽浪郡《らくろうぐん》・帯方郡一帯を基盤とする独立した勢力である公孫《こうそん》氏が帯方郡を支配しており、魏が公孫氏を滅ぼすのはこの年の八月であるので、『梁書《りょうしょ》』倭伝や『日本書紀』神功三十九年（二三九）条分註所引「魏志」に依拠して、二三九年（景初三）に改めて考える説がとられてきた。しかし、以前から帯方郡と通交していた卑弥呼は半島情勢を的確に把握しており、また海路からの公孫氏の帯方郡攻略は二三八年の早い時期に完了していたので、卑弥呼の魏への遣使年次は二三八年でよいとする意見も呈されている（仁藤敦史『卑弥呼と台与』山川出版社、二〇〇九年）。

ただし、そうすると、卑弥呼が下賜された鏡を三角縁神獣鏡《さんかくぶちしんじゅうきょう》に比定するか否かの議論に関連して、「景初三年」銘とともに存在する「景初四年」銘鏡をどのように位置づけるのか（景初四年は正始元年で、年初に改元されており、従来は景初三年末に倭国の使者が到来したので、次の「景初四年」銘の鏡も準備されたと説明されてきた）、また難升米らの洛陽滞在期間をどのように考えるのかという問題も残り、断案とは言えない部分もある。

この問題は措《お》くとして、ともかくも卑弥呼が国際情勢をふまえて魏との通交を開いたことはまちがいない。中国の史料では『漢書《かんじょ》』地理志燕地条に

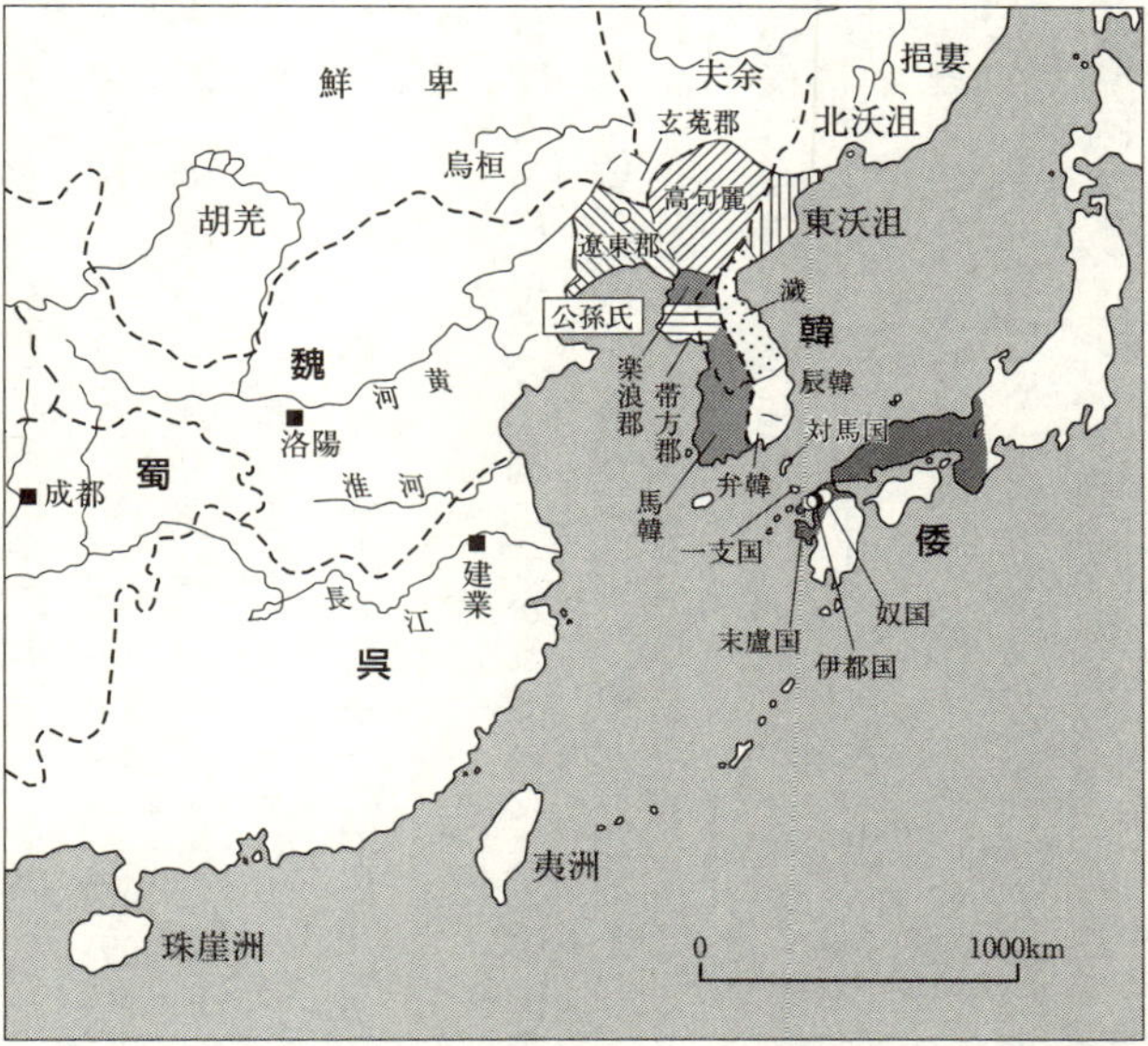

3世紀ごろの東アジア情勢（森公章『東アジアの動乱と倭国』掲載図版をもとに作成）

「楽浪海中に倭人あり。分かれて百余国と為《な》る。歳時を以て来りて献見すといふ」とあるのが倭人の初見で、紀元前一〇八年に前漢の武帝《ぶてい》が朝鮮四郡を設置し、楽浪郡《らくろうぐん》（朝鮮民主主義人民共和国平壌《ピョンヤン》付近）を拠点に東方世界に目配りしはじめた時、朝鮮半島のさらに東方海上の倭人の存在が中国王朝の認識の中に入り、倭人の名付け、倭人の名乗りの下に、倭人・倭国が東アジア史に登場する。

紀元前一世紀ころに百余の小国に分かれていた倭人の中から、五七年に後漢に朝貢して、「漢委奴国王」の金印を賜与された奴国《なこく》のような有力国が出現し、さらに一〇七年に朝貢した帥升《すいしょう》は「倭国王」と記されているので（『後漢書《ごかんじょ》』倭伝）、この二世紀初には倭国というまとまりが形成されていたと考えられる（西嶋定生『倭国の出現』東京大学出版会、一九九九年）。

しかし、後漢末から三国時代の混乱の中で、後漢の桓帝《かんてい》（在位一四六〜一六七年）・霊帝《れいてい》（在位一六七〜一八九年）のころ、つまり二世紀後半には「倭国大乱」の状況になり、男王の統治は機能せず、「鬼道に事《つか》へ、能《よ》く衆を惑はす」という卑弥呼が共立され、邪馬台国を治所とする三十国の連合体としての倭国の女王となった（「魏志倭人伝」）。

これは二世紀末～三世紀初頃のことで、卑弥呼は遼東の公孫氏が設置した帯方郡と通交している。最初の倭国王帥升もそうであったが、卑弥呼の統治も強力な中国王朝の権威の後ろ盾と威信財の分配、対中国外交の独占保障を得ることで存立可能であり、中国王朝の安定が大前提にあった。したがって倭国は国際情勢の変化に敏感にならざるを得なかったのである。

朝鮮半島の情勢

後漢末～三国時代への変動期には、朝鮮半島も争乱状態になっていた。ここでも中国王朝とのつながりが地域の安定要因であり、その前提条件が崩壊すれば、安寧《あんねい》を保つことが困難になる。『後漢書』、『三国志』魏書の東夷伝《とういでん》によると、後漢が漢王朝を復興した建武年中（二五～五五年）の初期、遼東郡では太守祭彤《さいとう》の勢威が鳴り響き、濊《わい》・貊《はく》・倭・韓の諸種族が万里の遠くから朝貢してきたと記されている。しかし、紀元前一世紀以来強盛であった高《こう》句麗《くり》は、桓帝・霊帝より少し前の順帝《じゅんてい》（在位一二五〜一四四年）のころから遼東地域や楽浪郡などに侵入し、質帝《しってい》（在位一四四〜一四六年）・桓帝の時に帯方県令を殺し、楽浪太守の妻子を掠取するなどの乱暴をはたらいている。一六九年、玄菟《げんと》太守耿臨《こうりん》が高句麗を討って数百の首級をあげたので、高句麗は一時降服を願い出たというが、その後もしばしば遼東、楽浪郡への侵攻を企てた。

中国王朝の朝鮮半島支配の拠点である楽浪郡周辺が動揺すると、南の韓族に対する統制も不安定になる。桓帝・霊帝時代の末期になると、韓や濊が強盛になり、楽浪郡とその所属の県がそれを制御することができなくなったため、郡県の住民は多く韓族の諸国に流入したと記されている。「倭国大乱」と同時期に、朝鮮半島も動乱の時代を迎えていた。

倭国と同様に、半島南部の韓族も多数の小国に分かれて争っており、西南部には馬韓《ばかん》五十余国、東南方面には辰韓《しんかん》十二国、そして南部の洛東江流域には弁辰《べんしん》（弁韓《べんかん》）十二国が広がっていた。地理的な位置関係から、倭国は有史以来弁辰地域と密接な関係にあったと考えられ、「魏志倭人伝」にも弁辰狗《く》邪韓国《やかんこく》（金海《キメ》、のちの金官国《きんかんこく》）が倭国の北岸にあたると記されている。『三国志』魏書東夷伝弁辰条にはまた、「国、鉄を出す。韓・倭・濊、皆従って取る。諸の市買には皆鉄を用ゐる。中国の銭を用ゐるが如し。又以て二郡に供給す」とあり、倭国、さらには楽浪郡・帯方郡にとっても、弁辰地域が鉄資源の入手先として重要であったことがわかる。

卑弥呼の倭国統治では、「世々王あり、皆女王国に統属す、郡使の往来、常に駐するところなり」という伊都《いと》国に一大率が置かれ、「女王国より以北を検察し、「諸国これを畏れ憚る」」という状況であった。一大率はまた、「王、使を遣し京都・帯方郡・諸韓国に詣で、及び郡、倭国に使するや、皆津に臨みて捜露し、文書・賜遺の物を伝達して女王に詣で、差錯することを得ず」といい、諸韓国との関係を含む外交事務上の役割も重要であったことがわかる。

こうした韓族の国々は各国がばらばらに割拠していたのではなく、月支国《げっしこく》（忠清南道天原・礼山付近か）に治所を置く辰王の存在、また月支国―臣雲新国《しんうんしんこく》（光州付近）―安邪国《あや》（安羅、咸安付近）―拘邪国《くや》（金官、金海付近）という半島の西・南海岸に沿った沿岸部か、沿岸部に近い河川流域に張り巡らされた幹線ネットワークによる帯方郡への経路など、地域統合への胎動もはじまっていた（武田幸男「三韓社会における辰王と臣智」『朝鮮文化研究』二・三、一九九五・九六年）。

倭国が楽浪郡・帯方郡と通交するにはこうした韓族の幹線ネットワークを利用するのがよく、鉄資源や先進文物の獲得、それらを倭国王の権威を支える威信財として諸勢力に分与して、国内統治に活用するためにも、半島の安寧は倭国存立のもうひとつの前提条件であった。

辰王は馬韓人が擁立されるが、流移の人で、自ら王となることはできないと描かれ、非土着性かつ非自立性の不可思議な存在である。一方ではこの地位は代々維持され、治所は月支国で、臣智《しんち》と称される韓族の首長たちを配下に従えており、魏代になっても率善中郎《そつぜんちゅうろう》を授かって魏の外臣になった諸韓国の首長たちに影響力を保持していたようで、おそらく馬韓内の某国から月支国に移住して、公孫氏の時代に隆盛があったのではないかと考えられている。公孫氏は辰王を韓族統治に活用していたのである。

次にその公孫氏の動向や魏・呉との関係を整理したい。

公孫氏と魏・呉

公孫氏は後漢末～三国時代に中国東北部で勢力をもった豪族である。遼東郡襄平県《じょうへいけん》（遼陽市）出身で、玄菟郡の小吏であった公孫度《こうそんど》が、董卓《とうたく》の中郎将になっていた同郡出身の徐栄《じょえい》の推薦によって遼東太守になったのが隆盛のはじまりであった（『三国志』魏書公孫度伝）。一九〇年（初平元）、董卓が献帝《けんてい》を擁立して長安に遷都し、中国本土が争乱状態になると、度は自立を決意し、遼東を拠点に、渡海して山東半島の東莱郡の諸県を攻略、ここに営州刺史を置いた。二〇四年（建安九）に度が死去すると、その子の康《こう》が後を嗣いだ。

公孫康は建安年間（一九六〜二二〇年）に楽浪郡の屯有県（黄海北道黄州郡）以南の非支配地に帯方郡を置き、公孫模《ぼ》・張敞《ちょうへい》らを遣し、残留していた漢人を結集して戦いをはじめ、韓・濊を攻撃した。この結果、韓・濊の地に流浪していた旧民が戻ってきて、帯方郡の統治に従い、また倭や韓も帯方郡に服属するようになったという。

ここに公孫氏は遼東・玄菟・楽浪・帯方の四郡をその領域とし、山東半島にも延伸、また帯方郡の外域に韓と倭を服属し、北方では高句麗・夫余《ふよ》、西方では烏丸《うがん》（烏桓）にもその影響を及ぼす政治勢力に成長していった。公孫度は「遼東の王」を自称していたが、魏の曹操《そうそう》からは武威将軍・永寧郷侯に任命されるのみであったので、不服であり、遠方でもあったため、曹操には服属しなかったといわれる。次の康の代には二〇七年に袁尚《えんしょう》を斬った功績により襄平侯・左将軍に任じられ、康の死後は子の淵《えん》が幼かったので、弟の恭《きょう》が後継者になり、二二一年には魏王朝から遼東太守の継承と車騎将軍・仮節、平郭侯の冊封を受けた。

二二八年、公孫淵は恭から位を奪ったので、魏では討伐の議論もあったというが、揚烈将軍・遼東太守に任命され、公孫氏の継承を承認されている。

二三〇年、淵は車騎将軍に任命されるが、同時に大司馬と大将軍に任じられた曹真《そうしん》と司馬懿《しばい》は西南方面の蜀《しょく》征討に向けられており、公孫氏には魏の北方・東方戦略で大きな期待が寄せられたことが察せられる。ところが、二三二年以降になると、公孫氏と魏の関係は険悪になる。

これは魏の明帝《めいてい》（曹叡《そうえい》、在位二二六～二三九年）が平州刺史と幽州刺史に遼東攻撃を命じたためとされ（「蔡済伝」所引魏略、「公孫淵伝」所引呉書）、公孫氏は魏と対立していた南方の呉の孫権《そんけん》（在位二二九～二五二年）との関係を深め、呉の対魏戦略の中に組み込まれていく。魏が公孫氏をあくまで地方政権として扱ったのに対して、呉は公孫淵に「使持節・督幽州・領青州牧・遼東太守・燕王」という独立した君主としての称号を与えており、淵は二三七年に燕王《えんおう》として百官有司を置き、独自の年号をたてて紹漢元年と称するまでになる。

すでに二二九年五月には呉の使者が遼東に派遣されていたというが、公孫氏と呉の関係が密接になるのは二三二年以降である。その時に呉の将軍周賀は一〇〇艘の船を率いて交易し、名馬を調達している。魏はこの提携を妨害しようとし、周賀は殺害されてしまうが、ほかの使者は呉に帰着し、公孫淵の呉に臣属する旨の上表文や貂《てん》の毛皮・馬などの献上品が到来した。魏はまた、公孫氏の懐柔を企図し、二三二年十月以降に帰順を求める赦文が到来したので、公孫淵は呉からの使者を斬って再度魏に服属する旨の上表文を呈する。倭国に呉の赤烏年号の入った画文帯神獣鏡が存するのは、この公孫氏と呉の通交、倭と公孫氏の帯方郡との関係により将来された可能性も想定すべきであろう（仁藤前掲書）。

公孫氏の滅亡と魏のまなざし

　こうして公孫氏と魏との関係は一時的に回復したが、魏には呉との提携を図った公孫氏に疑念が残り、また魏の中国統一戦略からも公孫氏の討滅が日程に上ってくる。二三四年、五丈原《ごじょうげん》の戦いで諸葛孔明《しょかつこうめい》が病没してから、蜀の魏に対する圧力は弱まり、この方面の軍事力を担当していた司馬懿には兵力に余裕ができていた。二三七年七月、毌丘倹《かんきゅうけん》の攻撃は大雨により失敗するが、二三八年正月には司馬懿が遼東に出兵し、八月には公孫氏が滅亡する。この間、公孫氏は呉に遣使し、ふたたび臣属して援軍を得ようとしており、公孫氏滅亡後ながら、呉は二三九年三月に遼東に出兵、魏の守将を撃破して、配下の男女を捕虜にした（こうした余燼を考慮すると、卑弥呼の魏への遣使はやはり二三九年と見るのがよいかもしれない）。

　二三八年または二三九年の倭国の女王卑弥呼の魏との通交には、この間の情勢理解が必要であり、魏には呉と公孫氏の提携がもっとも危惧される事態であった。したがって「魏志倭人伝」に描かれた倭国の所在地も呉と近接する位置にイメージされており、南方の呉を牽制するためにも倭国を魏側につけておくことが喫緊《きっきん》の課題であったのであり、倭国に対する過大評価も考慮しておきたい（西嶋定生「親魏倭王冊封に至る東アジアの情勢」『中国古代国家と東アジア世界』東京大学出版会、一九八三年）。

ただ、一方ではそれが倭国の外交に有利に作用し、倭国もその状況を活用したと考えられる。倭国は二四三年、二四六年にも魏に遣使しているが、二四七年ころからはじまった南方の狗奴国との戦争に際しては、二四八年に帯方郡に遣使して戦況を報告したところ、魏は帯方大守王頎《おうきん》が張政《ちょうせい》を派遣して、難升米に詔書・黄幢を仮授し、檄告諭したといい、倭国には魏の支持があることが明示されている。ここには卑弥呼の統治する倭国のまとまりのさらに南にあって、呉との提携の可能性がある狗奴国を討滅するという魏の全体戦略上の課題が存した。

倭国では二五〇年前後の卑弥呼の死後、男王が即位したが、「国中服さず、さらに相誅殺し、当時千余人を殺す」となり、卑弥呼の宗女壹与《いよ》が女王になって安定を取り戻す。壹与は二六五年に司馬氏の晋（西晋）が魏を滅ぼすと、二六六年に晋に遣使しており（『日本書紀』神功六六年〈二六六〉条所引晋起居注）、倭国の存立には依然として中国外交と倭王としての冊立が不可欠であったことを窺わせる。したがって邪馬台国をめぐる考察には、こうした国際情勢の理解、他者の視線も含めて、さらなる考究が期待される。

②徹底検証 邪馬台国

邪馬台国とはどんな国だったのか

千田 稔

その国では何を食べ、何を着、どのような暮らしをしていたのか？
「魏志倭人伝」から、卑弥呼の国とそこに暮らした人々の姿に迫る

邪馬台国の実像を探る

「邪馬台国」の実像を知りたいと誰でも思う。ところが数々の難しい問題を持っている。

どういうことかというと、邪馬台国の所在地がおおよそ予想できたとしても、「魏志倭人伝《ぎしわじんでん》」（以下、「倭人伝」と略称）は見聞したり伝聞したことを倭の一般的なこととして書いている部分が少なからずある。ところが、考古学では、そんなことはあり得ないという反論がつきまとう。とすると、当時の実像はどうであったかは容易にとりだせないことは、誰でも気付くはずである。

つまり、「邪馬台国」の実像は、まずは、「倭人伝」というテキストをどうよむかという問題から始めねばならないし、極端にいえばそれがすべてなのである。

考古学の資料で、三世紀代の日本列島を描くこととは、ズレが生じるのは当然である。テキストの成立事情と考古学的発見の偶然性との間にズレがあって当然である。ただし、そうといえども、考古学資料がかなりの精度で当時の日本列島を復元できたとすれば、その段階でテキストとの整合性の検証は、重要な課題となることは、いうまでもない。

それに至るまで、今後多くの年月を要するであろう。ならば当面、テキストを読むことを多角的にすることと、ややその内容に関わる考古学的資料があれば、それをからませるというのが、さしあたって今、できることである。邪馬台国はそのような作業の積み重ねで、しだいに、実像が浮かびあがってくるものである。邪馬台国の所在地が、大和か九州かで、青筋たてて、口角泡をとばすような、狭量な議論をする時代は過ぎ去り、冷静に事実をつきとめる楽しみを味わうゆとりをもちたいものだ。

本書には「魏志倭人伝」の読み下し文と語句の解説があるが、この稿では石原道博編訳『新訂　魏志倭人伝・後漢書倭伝・宋書倭国伝・隋書倭国伝（中国正史日本伝（1）』（岩波文庫、一九八五年）に収められている「魏志倭人伝」にしたがって話を進めたい。両者を読み比べることによって、より真の意味をさぐるのも、また一つの楽しみである。

邪馬台国とはどんな国家だったのか

女王卑弥呼《ひみこ》を頂点として女王国は国々を統治したのであるが、卑弥呼の主たる役割は「鬼道《きどう》に事《つか》え、能《よ》く衆《ひとびと》を惑《まど》わす」とあるように、宗教的行為をすることにあった。その宗教的行為こそ、女王国統治の根幹であった。

むしろ、鬼道につかえる能力をもっていることこそ、女王として君臨でき、また女王として推戴される理由でもあった。それゆえにこそ、卑弥呼の存在は、神秘的なベールに包まれているべきだった。だが、卑弥呼という宗教的な主宰者が、卑弥呼という女王の国をみずから、具体的な方法で政治的統治をするには、別の能力が必要であった。

「年已に長大なるも夫婿《ふせい》なく、男弟あり、佐《たす》けて国を治む。王となりしより以来、見ることある者少なく、婢《ひ》千人を以て自ら侍《じ》せしむ。ただ男子一人あり、飲食を給し、辞を伝え居処に出入す。宮室・楼観《ろうかん》・城柵《じょうさく》、厳《おごそ》かに設け、常に人あり、兵を持して守衛する」

男弟なる人物が、国を治めるにあたって補佐したとある。男弟という者は、どのように位置づけられるのであろうか。例えば推古《すいこ》女帝と聖徳太子《しょうとくたいし》、あるいは斉明《さいめい》女帝と中大兄皇子《なかのおおえのみこ》などというように、軽々に後世の事例をもって説明することは、避けなければならない。「倭人伝」の文の意を酌んで解釈すれば、聖権の卑弥呼と俗権の男弟とによる二重統治制であったと、とりあえずみておきたい。

このような二重統治制を「ヒメ・ヒコ制」と称して、次のような事例にもとめる説がある。例えば、『日本書紀』神武紀にいう菟狭津彦《うさつひこ》・菟狭津媛《うさつひめ》あるいは『播磨国風土記《はりまのくにふどき》』印南郡《いんなみぐん》にみる、吉備比古《きびのひこ》・吉備比売《きびのひめ》というヒコ・ヒメという名の組み合わせから、ただちに男（ヒコ）と女（ヒメ）の二重統治のシステムの存在まで言及するものである。しかしこれには、史料的限界があるといわねばならないであろう。

卑弥呼は、王となって以来、その姿を人前にみせなかったけれども、千人

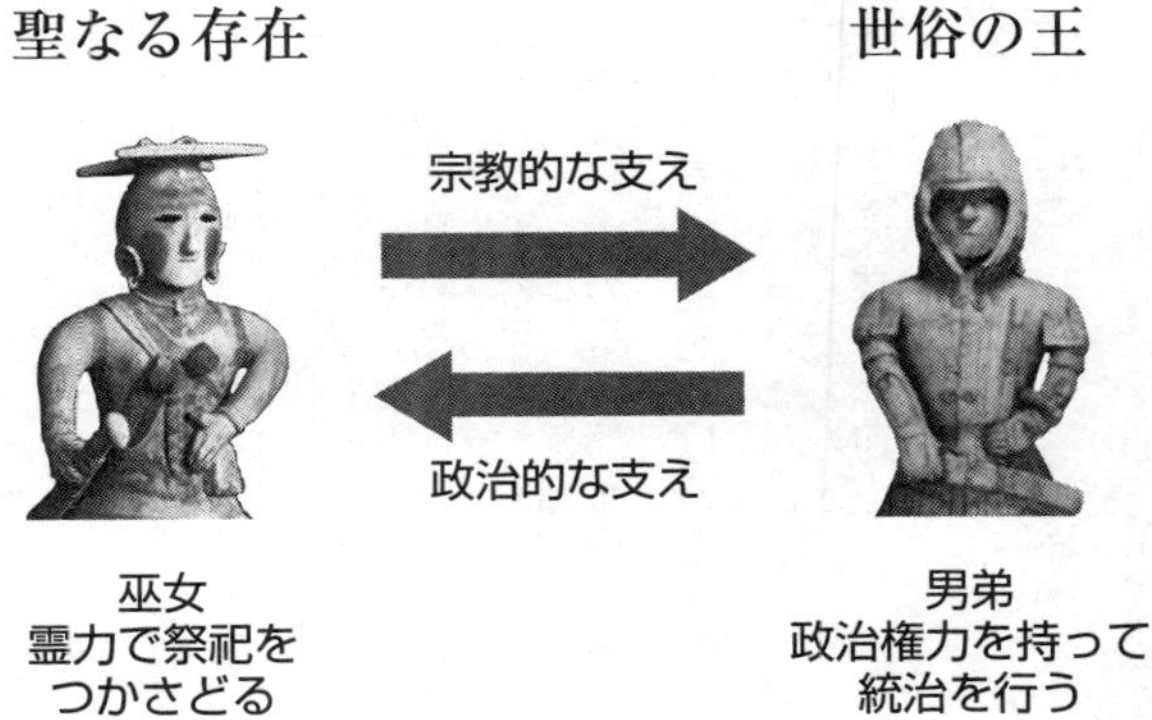
聖なる存在
世俗の王
宗教的な支え
政治的な支え
巫女
霊力で祭祀を
つかさどる
男弟
政治権力を持って
統治を行う

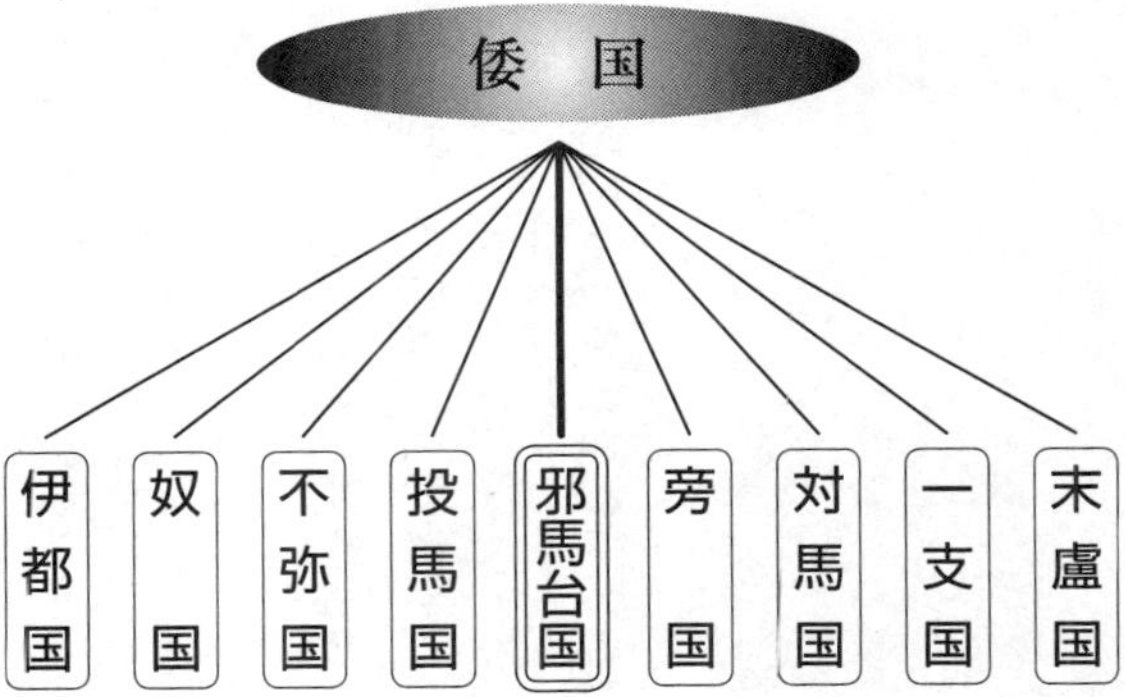
倭　国
伊都国
奴国
不弥国
投馬国
邪馬台国
旁国
対馬国
一支国
末盧国

の婢（召使のように仕えさせられた女性）をはべらせるとともに、一人の男が飲食を担当し、女王のことばを伝えるために、居所に出入りしたという。その居所は、宮室であり、さらに周囲に楼観があり、城柵でもって、とりかこまれていた。そして兵士が防備にあたっていた。

邪馬台国の官職名について「官に伊支馬《いきま》、次を弥馬升《みまと》といい次を弥馬獲支《みまわき》といい、次を奴佳鞮《ぬけて》という」とあるが、その言葉の意味は、いずれも不明としておかねばなるまい。

「魏志倭人伝」の帯方郡《たいほうぐん》から邪馬台国に至る経路にそって記されている国名についての官職名をあげると次のようになる。

対馬《つしま》国……大官　卑狗《ひこ》
　　　　　　副　卑奴母離《ひなもり》

一大（一支《いき》）国……官　卑狗
　　　　　　　　副　卑奴母離

末盧《まつら》国（肥前国松浦郡）……（官職名について記載なし）
伊都《いと》国……官 爾支《にき》
副 泄謨觚・柄渠觚
奴《な》 国……官 兕馬觚《しまこ》
副 卑奴母離
不弥《ふみ》国……官 多模《たま》
副 卑奴母離
投馬《つま》国……官 弥弥《みみ》
副 弥弥《みみ》那利

これらの官職名のうち卑奴母離は、夷守という漢字表記をあててよいと思われ、辺境防備の役割を担当した官職と想定できる。右にあげた諸国のうち、四ケ国に共通して卑奴母離という名があることは、倭国の中心、邪馬台国から派遣されたものとみてとれる。

卑奴母離以外の官職名の中で対馬国と一大（支）国の「卑狗」だけが共通するが、その他については、それぞれ異なるために、果たして、中央から派遣されたものであるかどうか、把握しがたい。

投馬国の「みみ」、「みみなり」の言葉の意味はわかりにくいが、私は、西宮一民氏にしたがって「霊々」とみたい（『古事記』新潮日本古典集成、新潮社、一九九七年）。もしその意味をとるならば、その国は「霊々」しい人物によって統治されていたことになり、投馬を神の国、出雲に比定する可能性は高まるであろう。

以上に加えて、より重要な任務を負う「一大率《いちだいそつ》」について書かれている。「女王国より以北には、特に一大率を置き、諸国を検察せしむ。諸国これを畏憚《いたん》す。常に伊都国に駐す。国中において刺史の如きあり」。この一大率の「率」は、「帥《そつ》」のことで、養老職員令に大宰府《だざいふ》に置かれた官職名にある。ただし一大率という官職から律令期の大宰府のような存在を推定するとしたら、それは早計であろう。右の「倭人伝」からの引用にあるように、諸国を検察するために恐れられていたといい、中国の漢代の地方官の監察などをした刺史に似た役職とみなされたとある。そのことからも、中央から派遣されたものであろう。

先の引用文の前に「国国市あり。有無を交易し、大倭《おおやまと》をしてこれを監せしむ」とある。そのまま解釈すれば、大倭とよばれる官職があって、国々の市と交易について監察したということになろう。問題は、大倭の意味である。これについても、これまで多くの人が検討してきたが、明快な答えを得るにいたっていない。

とりあえずは、大倭という商業機能を管理する官職があったという理解にとどめておくべきであろう。ただ、一大率と同様、国々の市や交易を監察したという表現から考えて、大倭も、卑弥呼王権の任務を果たすべく、任命を受けたものと思われる。

右にみたように、卑弥呼の王権は、伊都国や奴国あるいは末盧国という個々の政治的組織体をもつ国々を統属させていたと推定できる。そのことは、

「倭人伝」に「その国、本また男子を以て王となし、住《とど》まること七、八年。倭国乱《わこくみだ》れ、相攻伐すること歴年、乃《すなわ》ち共に一女子を立てて王となす」とあることからも明らかである。

女王の邪馬台国を中心にする諸国の連合体であったとみられるが、これら諸国の自立性と連帯性については、明らかにしがたい。ただ、いえることは、強い連帯的結合があったとは思えない。それは、卑弥呼の死後「更に男王を立てしも、国中服せず。更々《こもごも》相誅殺し、当時千余人を殺す。また卑弥呼の宗女壱与《とよ》年十三なるを立てて王となし、国中遂に定まる」とあるように、不安定な連合体であったと思われる。それに関連して、後にみるように、国々の入れ墨の文様が異なっていたことも、諸国の自立性を暗示する。

財政事情はどうであったのだろうか。卑弥呼が統括する倭の全体か、それとも個々の国々かわからないが倭人伝に「租賦《そふ》を収む、邸閣《ていかく》あり」という表現がある。租税と賦役よって営まれていたことを記している。

人々はどのように暮らしていたか？

衣——身にまとうもの

「倭人伝」は、倭人の服装について、「その風俗淫ならず。男子は皆露紒《ろかい》し、木緜《もめん》を以て頭に招《か》け、其の衣は横幅、ただ結束して相連ね、ほぼ縫うことなし。婦人は被髪屈紒《ひはっくつかい》し、衣を作ること単被《たんぴ》の如く、其の中央を穿ち頭を貫きてこれを衣《き》る」と記す。

露紒とは、冠をかぶらないこと。被髪屈紒とはかぶりものをかぶらず、まげて束ねることをいう。つまり、男子は、冠をかぶらず、木綿の布を頭にまき、衣は横幅の布を結び合わせ、縫うことはしない。女子は、髪を髷《まげ》にゆったりして、束ね、衣はひとえのように作り、真ん中に穴をあけて、そこに頭を通し着るという。

武田佐知子氏は、右の記述について次のように説明している（「卑弥呼はどんな服装をしていたか」大庭脩編『卑弥呼は大和に眠るか』文英堂、一九九九年)。

「三世紀の日本では、横幅衣《おうふくい》や貫頭衣とよばれる衣服が着用されていた。その形状については諸説あるが、私の考えでは、両者ともに形態としては同じであり、袖なし、膝までのワンピース形式の衣服で、下半身は、埴輪にみられるようなズボンをはいていなかった。私は、これらの衣服は水田耕作に不可欠の労働着であったと考えている。

なぜなら、水の中に足を浸しておこなう労働では、ズボンをはいていると、毛細管現象によって水が上がってびしょぬれになってしまうからである。しかも水田耕作は、夏の暑い盛りに、腰を曲げ、背中を太陽にさらしておこなう作業なので、背中を強い日差しから守る必要があった。このような作業に適した衣服が横幅衣や貫頭衣だった。倭人伝が語っている邪馬台国の衣服は、当時の庶民の男女共通の衣装だった」

この稿では、あくまでも、「倭人伝」の記述にしたがって考察する。当時の衣装を考証するとすれば、考古学的資料に重点をおくことは、避けるのがよいであろう。

さまざまな衣装が弥生時代から古墳時代の初頭にかけて、考古学的資料から推定できるが、その場合も、日常着か祭祀《さいし》の際に着用したものか、衣装が着用される状況をふまえないと、「倭人伝」の記事を一方的に、かつ批判的にとりあげることになりかねない。その点からいえば近年、さまざまな卑弥呼像が描かれるが、「倭人伝」には卑弥呼の衣装について、まったく触れられていないことも、よく認識しておかねばならないであろう。

右の引用文につづいては生産物をあげている。「禾稲《かとう》・紵麻《ちょま》を植え、蚕桑《さんそう》緝《しゅう》績《せき》し、細紵《さいちょ》・縑緜《けんめん》を出だす」とある。禾稲はイネ、紵麻はカラムシ、蚕桑緝績は絹糸をつむぐこと、細紵は上質の麻布、縑緜はカトリギヌの真綿。イネはべつとして、繊維関係の産物の名がみられる。カラムシとは、イラクサ科の植物で自生もするが、栽培もされ、茎の繊維は織物などに用いられる。他の糸や布も衣装の素材となったと思われる。先の引用文に「ほぼ縫うことなし」とあったが、これは、男子の服として例示されたものが、縫っていないというだけで、衣装の種類においては、縫うという作業はあったと考えてよいであろう。

右にあげた他に、景初《けいしょ》二年（三年の誤り）に、倭の女王が使節を魏の皇帝に朝献したさいの、皇帝の卑弥呼に与えた詔書に「班布《はんぷ》二四二丈」が倭から、もたらされたことを記している。班布とは木綿の布。さらさのことだと岩波文庫本の注にある。また、正始四年（二四三）に、倭王から魏の皇帝に献上したものの中に倭錦《わきん》、絳青縑《こうせいけん》、緜衣《めんい》、帛が含まれている。絳青縑とは、赤と青の経糸《たていと》と緯糸《よこいと》で織りだしたかとりきぬ。緜衣は、真綿で作った刺し子の衣である。

食――何を食べていたか

つづいて、「倭人伝」によって当時の食料事情について、みてみたい。

対馬国は、「倭人伝」に「土地は山険にしく、深林多く、道路は禽鹿《きんろく》の径《こみち》

武将の家紋●一／徳川家康

徳川葵

とくがわあおい

葵紋は京都の賀茂神社の神紋であり、有力な氏子であった松平氏が使用するようになり、徳川氏が天下を取ると将軍家の独占家紋となった。

Japanese family crests 001
Tokugawa-Aoi

の如し。千余戸あり。良田なく、海物を食して自活し、船に乗りで南に北に市糴《してき》す」という。良田がないため、海産物で自活するが、船で南北に「市糴」したという。「糴」は、「買いよね」と訓じられるので、コメを買っていたのであろう。買ったといっても、貨幣経済があった可能性はないので、物々交換であろうと思うが、詳しくはわからない。

南の一大（一支）国（壱岐《いき》）でも、「やや田地あり、田を耕せどもなお食するに足らず、また南北に市糴《してき》す」とある。耕作地としての田があったというが、収穫量では、人びとが食するには不足だったので、やはり対馬同様、交易によってコメを確保したのであろう。

松井章氏の壱岐における原ノ辻《はるのつじ》遺跡（高元地区）での動物遺体の調査では、丘陵上の住居跡から、サメ類、ベラ科の一種、カサゴ類、マフグ科の一種、コチ、マダイ、ヘダイなどの魚類の骨が検出されている。その他では、鳥類ではカイツブリ科の一種、哺乳類ではクマネズミ属の一種、イノシシ、ニホンジカ、クジラ目の一種、タヌキ、カワウソ、アシカ科の一種などの動物食をとっていたと報告されている(「原ノ辻遺跡(高元地区)出土の動物遺存体」『原ノ辻遺跡　高元地区範囲確認整備調査』芦辺町教育委員会、一九九五年)。

末盧国については「好んで魚鰒《ぎょふく》を捕らえ、水深浅くなく、皆沈没してこれを取る」とあって、潜水漁法によって魚やアワビなどをとっていたらしい。

「倭の地は温暖、冬夏生菜を食す」とあるが、具体的にどのような野菜類が食料として用いられたかは、明白ではない。松井章氏は、岡山市津島遺跡の弥生前期の包含層《ほうがんそう》から出土した、タカサブロウ、コナギ、タデ、ザクロソウ、ノミノフスマ、メハジキなど半湿田、人里植物には多くの生菜の素材が認められたとし、さらに、現在でも和漢薬として用いられる薬用植物を見ることができるという(「卑弥呼は何を食べていたか」前掲大庭脩編『卑弥呼は大和に眠るか』)。

「倭人伝」は「食飲には、籩豆《へんとう》を用い手食す」と、食事のとり方について記すが、籩豆は、高杯《たかつき》のことで、それを用いて、手で食べるという。飲酒については、死者を葬《ほうむ》るにあたって、「喪主《もしゅ》号泣し、他人に就《お》いて歌舞《かぶ》飲酒する」と、また、「その会同・坐起《きざ》には父子男女別なし。人性酒を嗜《たしな》む」とあり、この場合は会合や居住の座の位置は区別がないとして、一堂で飲酒がなされたらしいと解するのがよいと思う。

「倭人伝」によれば、倭人が食べなかったものがあったとし、「薑《きょう》・橘・椒《しょう》・蘘荷《じょうが》あるも、以て滋味をなすを知らず」と記す。これについては、内田年昭氏が、ショウガ、タチバナ、サンショウ、ミョウガはあるものの、利用されていなかった、というように記されているが、サンショウは縄文遺跡からの出土例があり、ショウガとミョウガは熱帯アジア原産で、渡来人によってもたらされたものであるから、事実誤認の疑いが強いと指摘されている（「『魏志』倭人伝の食を読む」金関恕監修・大阪府立弥生文化博物館編『卑弥呼の食卓』吉川弘文館、一九九九年）という。

食というよりも供え物としてみるべきものとして、奈良県纒向《まきむく》遺跡から、二千個あまりの桃の種子が検出されて話題をよんだ。纒向遺跡が邪馬台国の中枢部であるという説に従えば、桃は道教《どうきょう》の女仙《にょせん》、西王母《せいおうぼ》にゆかりの果実であって、卑弥呼がつかえた鬼道の教義を中心に漢代に道教の系譜に連なる五《ご》斗米道《とべいどう》が成立したのであるから、卑弥呼の鬼道に多くの桃が供えられたと思われる。桃の呪術は、『日本書紀』などの神話にイザナギがイザナミのいる黄泉《よみ》の国から逃げ帰るときに、悪霊に桃の実を投げつけて退散したことも同じ意味をもつものであろうし、桃太郎の物語も同様の次元で読み取ってよいであろう。

では、なぜ桃なのか。

おそらく、桃の実のふくよかな形から、多産という生命力と邪気を退散させるイメージが形成されたのであるが、同時に、木へんの代わりに部首をしんにゅう（しんにょう）とすれば「逃」となり、「トウ」という音が通じ、悪気が退散するということになったことも考えられる。

そして、さらに最近、纒向遺跡で三世紀中ごろの土坑《どこう》から、タイやイノシシ、米など多数の動植物の骨や種子などが検出され、全国的に例がない種類の多さであると発表された。国家的な祭祀の供物として、献上された海産物とすれば、この遺跡について、さらに詳細な検討を必要とするであろう。

住——どこに住まうか

卑弥呼の居館については、すでに「倭人伝」の記述を引用したが、一般の住居については、「屋室《やむろ》あり、父母兄弟、臥息《がそく》処を異にす」とあるにすぎない。臥息とは、夜、寝ることをいうが、この文章は、いろいろと読める。例えば父母と兄弟（子供たち）が別の場所（部屋）で寝たのか、それとも、父・母・兄・弟すべてが、つまり家族の成員がみんな個室のようなところで寝たのか、そのあたりは、よくわからない。「屋室あり」というのは、一戸の住居にいくつかの部屋があったか、それとも別の家屋があってそこが寝室のようになっていたとも解することもできる。

「倭人伝」から離れて、大林太良氏の『邪馬台国』（中公新書、一九七七年）によってベトナム北部のトー（あるいはテイ）族とよばれる少数民族の事例

女王の居住区想像図

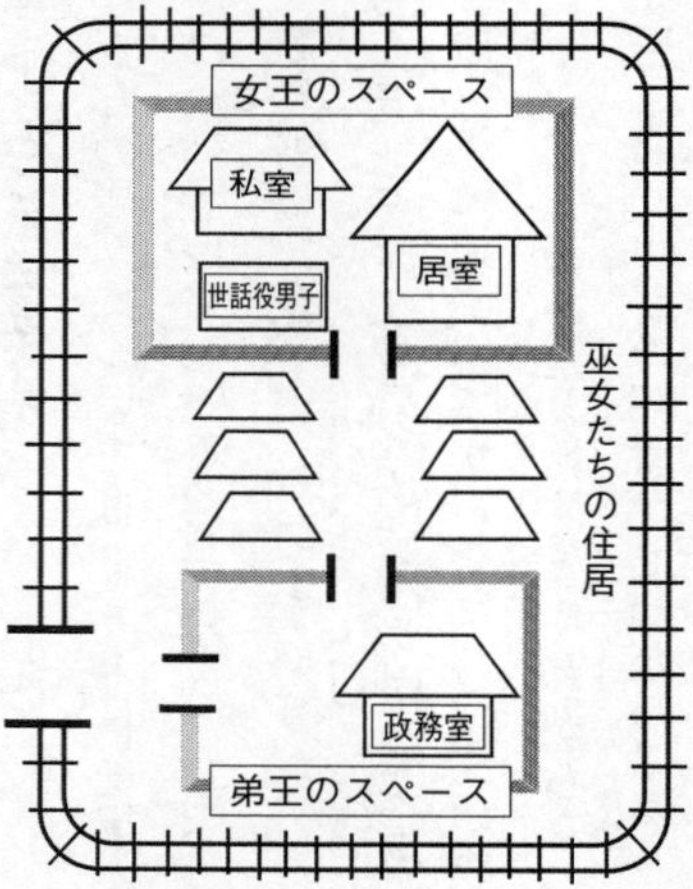

についてみてみたい。

トー族は焼畑耕作・水稲耕作も営み、日本古代でなされていた歌垣の習俗を現在まで行っている民族である。この場合、トー族では、親夫婦と未婚の子供の組と、それから既婚の息子夫婦とその未婚の子供の組とは、それぞれ別個の家屋に住んでいる。そして各家屋内では、男女が別々の部屋に寝るというのが古い形式であったといわれている。

そうすると、トー族の場合も、

父母、それから既婚の兄弟は、夜、やすむところが違っていて、「倭人伝」と同じような家屋の空間の利用の仕方をしていたのではないかという。

風俗――どのような生活習慣か

当時の風俗はどうであったか。「倭人伝」はつぎのようにいう。「男子は大小となく、皆鯨面《げいめん》文身す。古より以来、その使中国に詣《いた》るや、皆自ら大夫と称す。夏后少康《かこうしょうこう》の子、会稽《かいけい》に封ぜられ、断髪《だんぱつ》文身、以て蛟竜《こうりゅう》の害を避く。今倭の水人、好んで沈没して魚蛤《ぎょこう》を捕え、文身しまた以て大魚・水禽《すいきん》を厭《はら》う。後やや以て飾りとなす。諸国の文身各々異り、あるいは左にしあるいは右にし、あるいは大にあるいは小に、尊卑《そんぴ》差あり」。

「男子大小となく」とは、大人も子供も、という意味として理解するか、あるいは身分の上下とみるかは、議論の余地がある。そして皆が「鯨面文身す」とは、「鯨面」は顔に入れ墨をすること、「文身」は体に入れ墨をすること。風俗に関することではないが、倭から国に使節として派遣されるものは、自ら「大夫」と称したというのは、漢の身分制に則ったのかどうかは不明であるが、大臣クラスのような高い身分であることを誇示したらしい。

そして、事例として「夏」の王朝の少康の子が会稽郡（今日の浙江省から江蘇省にかけての地域）に領地を与えられたとき、髪の毛を短く切って、みずち（一種の竜のような動物。本来は想像上の動物であるが、この場合はワニか？）の害を避けた。「沈没して魚蛤を」捕らえたことについては、さきに末盧国の食に関して少しふれたが、当時、すでに潜水漁法がおこなわれていたと推測される。その潜水漁法にさいして、入れ墨をすることで、おそろしい海中の魚類などから襲われることを避けることができたという。

この入れ墨は、後の時代になって、身体を装飾するような意味合いとなり、国々によって入れ墨の文様が異なった。身体の左に施したり、右に描いたり、あるいは大きく、あるいは小さく入れ墨を入れた。そして身分の高い者と低い者との間にも入れ墨の入れ方に差があったという。

入れ墨について、周辺地域との関係について記しておきたい。

入れ墨をする理由の一つに松岡静雄氏は、ミクロネシアのヤップ島では、悪魚から身を守るためにフカの入れ墨をしたというが、これは「倭人伝」の記述に類似する。だが、松岡静雄氏は他の事例として、サイパン島ではフカのほかにカメの入れ墨もあることから、トーテム（部族内で神聖視される動植物・自然物）か、所属するクラン（氏族）の標章のようなものではないかという解釈をしている（『ミクロネシア民族誌』岩波書店、一九四三年）。このことと、「倭人伝」にある、国々によって入れ墨の文様が異なったという記述との関係は無視できない。つまり、卑弥呼のもとに統属した国家像をどのようにみるかという問題をはらんでいる。すでに述べたように、国々の人の入れ墨の文様が異なるならば、かなり強い独立性を維持していたとみるべきではないかと考えられる。

「倭人伝」の入れ墨文化については、倭と中国の江南との関係を示唆している。海人族によって江南から稲作文化が倭にもたらされたのであるが、彼らは、文身をしていたと考えられる。近畿では鯨面を施した人物像の弥生時代の遺物の出土例は知られていないが、やがて、古墳時代になるにつれて、鯨面埴輪三十三例のうち二十例が近畿で見つかったことは海人族も天皇家を中心としたヤマト王権に組み入れられていった状況を想定できる（千田稔編著『海の古代史―東アジア地中海考―』角川書店、二〇〇二）。

先に引用した部分とやや重なる部分があるが、「倭人伝」に、次のようにいう。「倭の地は温暖、冬夏生菜を食す。皆徒跣《とせん》。屋室あり、父母兄弟、臥息処を異にす。朱丹を以てその身体に塗る、中国の粉を用うるが如きなり。食飲に籩豆を用い手食す」

先に引いた箇所の説明は省略するが、「皆徒跣」とある。つまり、裸足で日常生活をしていたという。履物の文化がなかったらしいが、身分差によるのかどうかはわからない。また身体に朱丹《しゅに》を塗っていたともある。これについて、三品彰英氏は「魏の使節たちが目撃した朱丹を塗った倭人の装いは蕃《ばん》客《かく》歓迎の場であったと推考するのが妥当な理解であろう」として、この習俗が南方系であることを想定している（『神話と文化史』平凡社、一九七一年）。

しかし、「倭人伝」の記事から身体に朱丹を塗って蕃客歓迎したかどうかは、推測することはできない。大林太良氏は、前掲書において、東南アジアでは、身体および顔面の塗色は、ジャワ島民や、バリ島民、ビルマ人のような高文化民族のところにも濃厚にみられるが、インドネシアの諸族や、南東インドシナの山地種族においてみられるという。また、北方では、東北シベリアのチュクチ族が顔に赤あるいは黒の円を描き、アラスカのコンジャグ族は一定の祭日に、白、黒、赤の線を描く習俗などがあるとしながらも、「倭人伝」にみる身体染色は東南アジア的であるとする。

死者を葬る習俗については、倭人伝は比較的詳細に記している。「その死には棺あるも槨《かく》なく、土を封じ冢を作る。始め死するや停葬《ていそう》十余日、時に当りて肉を食わず、喪主哭泣し、他人就いて歌舞飲酒す。已に葬れば、挙家水中に詣《いた》りて澡浴《そうよく》し、以て練沐《れんもく》の如くす」と。死者を葬る時には、棺に入れるが、それを納める外側の石などで作る枠組にあたる槨はなく、土で塚を作るという。ここにいう死者を葬る墓は、いわゆる庶民的レベルのものに関するものであると思われるので、当時の身分の高い者もこのように葬られたかどうかは、不明である。「停葬十余日」ついての解釈は、説がわかれる。「喪に服するのを停めて仕事にしたがうこと十余日」（石原道博訳、岩波文庫）、「死んだとき、さしあたって十余日は喪に服し」（平野邦雄訳『邪馬台国の原像』学生社、二〇〇二年）となると、意味は正反対である。この場合は、平野訳をとるべきであろう。「喪に服するのが終わるまで十余日」という理解でよい。喪に服する間は、肉を食べずに泣きつづけ、他人は歌舞をし、酒を飲む。服喪の期間が終われば、家の者が全員、水中で禊《みそ》ぎをするが、これは、「練沐《れんぼく》」のようだという。「練沐」とは、石原氏によれば、一周忌の喪服である「練《ねりぎぬ》」を着て水に浴することという。中国にそのような習俗があったのであろうか。

次に、「持衰《じさい》」という変わった習俗について、みておきたい。「倭人伝」にいう。「その行来・渡海、中国に詣るには、恒に一人をして頭を梳《くしけず》らず、蟣《き》蝨《しつ》を去らず、衣服垢汚《けがれ》、肉を食わず、婦人を近づけず、喪人の如くせしむ。

これを名づけて持衰《じさい》と為す。もし行く者吉善なれば、共にその生口・財物を顧し、もし疾病あり、暴害に遭えば、便《すなわ》ちこれを殺さんと欲す。その持衰謹まずといえばなり」と。

まことに、奇妙な習俗である。中国に行き来するときには、つねに、一人の者を頭をくしけずらず、しらみもとらず、衣服は汚れたままで、肉も食べさせないで、女性を近づけず、喪に服しているかのようにさせておく。往来がうまくいけば、生口（捕虜あるいは奴隷？）・財物を与え、疾病、被害にあうと、持衰が不謹慎であるとして殺そうとする。この持衰なる者は、船に乗ったのか、それとも倭の地にあって、船の帰着を待っていたのか、「倭人伝」の記述からは、わからない。類似した例は、やはり大林氏が前掲書に次のように示している。

インドネシアのセラム島東部のイル地方では、帆船が航海に出るときには、一人の少女が陸上に居残り、航海が成功するか否かは、この少女の責任とされるし、また村人はこの人物の様子を見て、航海の様子を判断する。少女と帆船とほとんど同一視されているのである。彼女は、船が航海しているあいだは、働いてもいけないし、歩いてもいけない。歌ってもいけないし、陽気に騒いでもいけない。遊んでもいけないし、檳榔子《びんろうじ》をかんでもいけない。ことに家から外に出ることは禁物である。

このような事例が、倭の持衰と同じ文化的つながりがあるとすれば、倭の習俗は、東南アジアとのつながりをもっていたとみられる。

次に、骨による占いについては、「倭人伝」は、「その俗挙事行来に、云為《うんい》する所あれば、輒《すなわ》ち骨を灼《や》きて卜《ぼく》し、以て吉凶を占い、先ず卜する所を告ぐ。その辞は令亀《れいき》の法の如く、火坼《かたく》を視て兆を占う」と記す。「挙事往来」とは、何か事を起こすとき、あるいは出かけるとき、しかじかと言わねばならない時には、骨を焼いて、吉凶を占う。亀卜《かめうら》のようにひびわれで兆《きざ》しを占うというもので、卜骨《ぼっこつ》の風習があったと述べている。

卜骨は、『古事記』に天香具山《あまのかぐやま》で鹿の肩甲骨をハハカ（朱桜・ウハミズザクラ）木の皮で焼いて占ったというくだりがあるが、朝鮮半島では早くから骨占いがなされていたので、それが倭にもたらされたと思われる。

さらに、「倭人伝」から礼と夫婦に関する習俗の記事を拾い上げてみよう。

「大人の敬する所を見れば、ただ手を摶《う》ち以て脆拝《ぜいはい》に当つ。その人寿考《じゅこう》、あるいは百年、あるいは八、九十年。その俗、国の大人は皆四、五婦、下戸もあるいは二、三婦。婦人淫せず、妬忌《とき》せず、盗窃《とうせつ》せず、諍訟《そうしょう》少なし。その法を犯すや、軽き者はその妻子を没し、重き者はその門戸および宗族を没〔滅〕す。尊卑各々差序あり、相臣服するに足る」。

身分の高い人を敬うには、拍手して、ひざまずいて礼意を示す。その人は長寿で年齢は百歳あるいは八、九十歳。ここでの解釈が、どうも文の流れが悪いように思われる。大人というのは、身分の高い者だとして、下の者の礼の表現を一般的に書き留めたようであるが、ところが次に具体的な年齢が書かれているのは、どういうわけだろうか。察するに、この記事はある特定の地域で、魏からの使者が目撃したのではないだろうか。

「倭人伝」は、簡単に倭人から取材したのではなく、現場に出向いている場合もあるとみられる可能性が高い。そこで、一夫多妻の記述になる。

身分の高い者は、皆四、五人の妻をもち、身分の低い者でも二、三人の妻をもっている。婦人は、淫らではなく、嫉妬もしない。盗みかすめることもしない。訴訟も少ない。法を犯すと、軽い場合は、妻子を没収し、重い場合は、一家、一族を滅ぼす。身分の上下による秩序があり、臣下として上の者に服している。このように、一夫多妻であっても風紀がみだれてはいなかったと、「倭人伝」は書き留めている。

つづいて、礼の習俗に言及している。「下戸、大人と道路に相逢えば、逡巡して草に入り、辞を伝え事を説くには、あるいは蹲《うずくま》りあるいは跪《ひざまず》き、両手は地に拠り、これが恭敬《きょうけい》を為す。対応の声を噫《おう》という、比するに然諾《ぜんたく》の如し」。下の身分の者が、道路で身分の高い者と会えば、ためらって草の茂みに入り、言葉を伝え、事を説明する場合は、うずくまるか、あるいはひざまずいて、両手を地につき、これによって恭順の意を示す。対応の「噫」という声を出すが、これは、承知したという意味である。

＊　＊　＊

「倭人伝」は「兵には、矛・楯・木弓を用う。木弓は下を短く上を長くし、竹箭《ちくせん》あるいは鉄鏃《てつぞく》あるいは骨鏃なり。有無する所、儋耳《たんじ》・朱崖と同じ」という。「儋耳」、「朱崖」は、いずれも海南島との文化的類似性を指摘している。もう少し広くみて、江南の地方とのつながりを示唆しているともとれる。

そこで、さきにあげた桃のことである。纒向遺跡で、桃は竹で編んだ籠に入れて供えられていたらしく、竹籠も出土した。竹籠を編む技術は、南方系の隼人が秀でていて、後世、大嘗祭にさいしても籠細工は隼人に課せられた任務であった。

そのようなことから類推すると、纒向遺跡が女王の都であるかどうかは今問わないとしても、南方の竹細工の技術がここに伝わっていたことは確かである。桃と同様、竹籠の問題は、検討すべき重要な問題であることを強調しておきたい。

邪馬台国ブームをつくった男たち
3

松本清張

大ベストセラー作家の着眼点

写真提供：共同通信社

在野の本格的古代史家

宮崎康平と妻和子が第一回吉川英治文化賞を受賞した昭和四十二年（一九六七）四月、同時に松本清張《まつもとせいちょう》は『昭和史発掘』など幅広い作家活動により吉川英治文学賞を受賞した。

清張は『まぼろしの邪馬台国』を〈九州文学〉連載時から読み島原の宮崎とも会っていた。受賞に先立つ同年一月の宮崎の出版記念会には、わざわざ駆けつけ祝辞を述べた。

「私は島原＝邪馬台国説とはまるきり解釈が違うが、宮崎さんの情熱には打たれた」

在野の古代史家同士としてのエールだったのだろう。

清張は、芥川賞を受賞した『或る「小倉日記」伝』でデビューした翌年（一九五四）、夭折《ようせつ》した考古学者・森本六爾《もりもとろくじ》をモデルとした小説『風雪断碑』（後に『断碑』と改題）を著したように、早くから古代に関心があった。

本格的な古代史ミステリーの第一作は昭和三十八年（一九六三）に〈週刊文春〉に連載を開始した『陸行水行』。題名通り、ズバリ邪馬台国をテーマとした作品だった。

このなかでは失踪した郷土史家の考えた邪馬台国を、「宮崎県と鹿児島県の間」としている。しかし、それが直ちに松本清張説と受け取られると困るとの判断から、論考の形で昭和四十一年（一九六六）六月より〈中央公論〉に『古代史疑』を発表。さらに『遊古疑考』（一九七三）、『邪馬台国（清張通史1』（一九七六）とノンフィクションの探求を続けた。

清張の古代史観の特色は、史料を幅広く渉猟《しょうりょう》した上で、学界の通説や専門領域に捕われずに自在に発想し、大胆な仮説を打ち出したことだ（根底には強い学歴コンプレックスと権威への反骨心があった?）。

独創的な邪馬台国論

『魏志』倭人伝については三つの斬新な視点が注目される。一つ目は、当時の倭国が中国人にとって東海神仙のユートピアと見なされていた、と指摘したこと。

著者の陳寿《ちんじゅ》は、周辺国に関してボロクソに書いているのに、倭国に対して「その人寿考《じゅこう》（長生き）にして、或は百年、或は八九十年なり。（中略）婦人淫《いん》せず、妬忌《とき》（嫉妬）せず、盗竊《とうせつ》（盗み）せざれば、諍訟《そうしょう》（訴えごと）も少なし」とまるで楽園扱いをしている。

これは『漢書』のなかで顔師古《がんしこ》が、「東夷天性柔順、三方の外に異る。故に孔子《こうし》は道の行われざるを悼《かなし》んで桴《いかだ》を海に設け、九夷の外に居らんと欲す」と引用したように、孔子も憧れた神仙の地の言い伝えを踏まえたものだ。

当然、「倭人伝」には装飾的表現が多くなる。邪馬台国所在地論で問題とされている距離や日数がそうで、陰陽五行説から造作された「虚妄の数字」にすぎず、「拘束されること自体に意味がない」と清張は説く。

したがって清張は、邪馬台国の場所についてはは明言しなかった。九州北部＝筑後川の流域＝福岡県南部という候補区域は示したものの、具体的な

吉川英治文学賞を受賞した松本清張と
同文化賞を受賞した宮﨑康平（左）

市町村名は差し控えた。

二つ目は、伊都国《いと》に常駐させて「女王国以北」の諸国を監察させた「一大率」のこと。通説では女王卑弥呼が派遣した監察官、とされているが、清張はそれを帯方郡《たいほう》から派遣された軍政官だと主張した。

清張が注目したキッカケは「一大率」を設けた主語がないことだった。設置者は邪馬台国以北の国々を支配させていた。ならば、中国の出先機関の帯方郡では、と考えたのだ。

倭国は魏が「親魏倭王」の印を与えるほど重要だった。諸韓国と違い倭人が海上権を握っていたからだ。放置すれば魏の敵国の呉と結びかねない。だから、大量の銅鏡や金印を与えて懐柔する一方、「刺使《し》（軍事力を持つ中国の地方長官）の如き《ごと》」「一大率」を派遣して倭国の動きを見張ったはずだ、と。

古代史の専門家の大半は、一大率を「大宰府《だざいふ》の前身的存在」と考え注意を払ってこなかったから、この解釈は大論議を呼んだ。

卑弥呼の死の謎

清張の、もっとも有名かつ独創的な問題提起といえば、三つ目の卑弥呼「王殺し」説。

『魏志』倭人伝によれば、卑弥呼は正始八～九年（二四七～八）ごろ、宿敵狗奴《くな》国との戦争の最中に死んだ。だが「以死（以《も》って死す）」とあるのみで、理由や死因は不明だ。

死亡時の卑弥呼は七十代以上の高齢と推定されるため、通説では自然死（老衰、病死）あるいは戦死と思われてきた。

しかし、清張は、少し前の文章（女王国と狗奴国が戦争になったので、帯方郡から属官の張政が女王国に派遣され魏の軍旗や檄文を与え激励した）から、急に「卑弥呼、以って死す」と続くのは奇妙で、脱行があるとした。

それは、「女王国軍は劣勢で敗北を続けた」という記事と、「卑弥呼の霊力が衰え負けたので、首長たちや民衆は彼女を王座から引きずり下ろし、殺した」という記事だ。

清張は自説の論拠として、同じ「倭人伝」の持衰《じさい》（航海が失敗の時に殺される）」の慣習や、『魏志』夫余《ふよ》伝の王殺しの記事（天候不順による凶作の咎《とが》を負って麻余《まよ》王が殺されたと推測される）を挙《あ》げた。また、民族学者フレーザーの『金枝篇』の序文（祭司王である古代の王は健康や勢力が衰えるといつでも後継者によって殺された）も傍証とした。

古代史研究の「審判者」

この他にも、卑弥呼の墓である「径百余歩」の「冢《ちょう》（つか）」を、「宮室、楼観、城柵」と同様に「陳寿の創作」と一刀両断したり、前方後円墳の形状を説明する際の上円下方説は間違いで、男女の交接を表わす「楔型《くさびがた》円墳」が正しいと唱えるなど、清張説の多くが刺激的で、学界・在野の双方に大きな波紋を開げた。

考古学界の重鎮の森浩一は、「(松本清張の)晩年は、考古学、古代史をやる方法が変わってしまい」残念だった(土器を見て判断できる、など過信した)、と批判するが、学界にとっては「客観的な審判者」であり、「清張さんが生きておられる間は、(中略)考古学者やら文献学者に、甘いものは書けないという緊張感があったように思う」(以上、二〇〇五年三月〈松本清張研究　第六号〉森浩一・門脇禎二対談「清張古代史の現在を再検証する」)とその存在自体を高く評価している。

(足立倫行)

3　卑弥呼とは何者か？

邪馬台国とはどんな国だったのか

小路田泰直

邪馬台国を統べた女王卑弥呼。彼女はどこにいたのか？　なぜ女王でなければならなかったのか？　謎の女王をめぐる五つの疑問に迫る

卑弥呼はどこにいたのか？

『魏志』倭人伝の読み方

吉野ヶ里か？　纒向か？

卑弥呼《ひみこ》の居場所として、今想定されているのは、佐賀県の吉野《よしの》ヶ里《り》と、奈良県の纒向《まきむく》だろうが、まず述べておかなくてはならないのは、卑弥呼はどちらにいてもおかしくないということである。

試しに吉野ヶ里遺跡を訪ねてみればいい。そこは有明海に面し、筑後川《ちくごがわ》に沿っている。北に行けば、博多《はかた》湾を経て朝鮮半島・大陸に至り、南に行けば、南九州を経て、琉球《りゅうきゅう》・華南《かなん》・東南アジアに至る南北の道と、筑後川・日田《ひた》・山国川《やまくにがわ》・宇佐《うさ》を経て、太平洋側の列島各地に至る東西の道の交差点に位置する。筑後川と山国川はそれほど高くない大石峠によって分けられた、どちらもゆったりと流れる大きな川だ。日本海側の各地とつながっている博多湾岸の都市と連携すれば、十分に日本列島全体を視野に収めることのできる地だ。

纒向とて同じだ。山一つ越えた南を走る、紀ノ川《きのかわ》・吉野川・櫛田川《くしだがわ》ラインは、東に行けば伊勢に出、西に行けば現在の和歌山に出る。

伊勢《いせ》は東日本への出入り口であり、和歌山は、西日本、さらにはその先の大陸への出入り口である。さらに和歌山は淡路島を挟んで加古川《かこがわ》河口と向きあっている。そこは加古川・由良川《ゆらがわ》を経て、どこよりも簡単に日本海側に出

紀ノ川（和歌山県九度山町）水運を利用すれば、陸路より簡単に日本海側に出ることができる

ることのできる交通の要衝だ。

加古川の上流と由良川の上流を分かつ分水嶺《ぶんすいれい》は、わずか海抜九十五メートルしかない。しかもその日本海側への出口は、のちに山椒大夫《さんしょうだゆう》が活躍する由良だ。日本海側最大の交通の要衝である。こちらも、日本列島中を視野に収めることのできる地だ。

だから、卑弥呼の居場所としては、吉野ヶ里も纒向も、どちらも可能性としてはありえる。なお、付け加えておくと、三十余国の国家連合を率いた卑弥呼は、たとえどこにいたとしても、小さな地域王権の主などではなかった。列島の主要部分を支配下におさめる、大国の王であった。

魏使はどこから来た？

やはり問題解決の糸口は、『魏志《ぎし》』倭人伝《わじんでん》の読み方ということになるが、『魏志』倭人伝の行路記事（魏使《ぎし》が邪馬台国《やまたいこく》にやってきた経路記事）については、その通りにいけば、南を東と読み替えたとしても、絶対に大和《やまと》にはいたらないという常識がある。北九州の不弥国から南へ水行二十日で投馬国、そこから南へ水行十日と陸行一月で邪馬台国、すなわち卑弥呼の国（女王国）にいたると書かれているが、投馬国を吉備国ぐらいに想定すると、そこから水行十日で到達するところは大阪湾のどこか、となると大和に行くのに、残り陸行一月は長大にすぎるからである。

こうして『魏志』倭人伝をただ素直に読んだのでは、邪馬台国がどこにあるのかはさっぱりわからなくなるという常識が生まれ、それが長年の邪馬台国論争のきっかけになったのである。だからかもしれない。今や邪馬台国論争の解決は、文献史家にではなく、考古学者に委ねられている。どのみち文献の解釈論争では答えは見つからないという暗黙の了解が成立してしまっているからだ。そして、最初の前方後円墳・箸墓《はしはか》の築造年代が三世紀半ばということになって、最近は大和説が有力になってきている。

だが私は、文献の解釈が出発点になっておこった論争は、やはり文献の解釈によって決着がつけられなくてはならないと思っている。モノは文字ほど雄弁ではないからである。

そこで、以下、『魏志』倭人伝の解釈から、改めて卑弥呼の居場所を考えてみたいと思うのだが、私が奇妙に思うのは、なぜ誰も、魏使が日本海経由でやってきたとは考えないのだろうかということである。

そう考えれば、投馬国は出雲《いずも》国あたりということになり、そこから水行十日で着くのは丹後《たんご》半島から若狭《わかさ》湾にかけてのどこか(おそらく天橋立《あまのはしだて》付近)、そこから大和まで陸行一月かかっても何もおかしくない。南を東と読み替えるだけで、あとは『魏志』倭人伝に書かれてある通りに行けば、大和にいたる方法が、実はあるのだ。誰もないと思ってきた方法が、である。にもかかわらず、なぜ誰もそれに気づこうとしないのか。それが、私には奇妙としか思えない。

確かに日本地図を見れば、本州中央部を青森から下関まで貫く脊梁《せきりょう》山脈がある。これを越えるのは大変だろうなと思う気持ちが、日本海経由の可能性を人々の脳裏から消し去ってしまっているのかもしれない。

だが、それは地図の見方が粗いだけである。先ほど述べたように加古川・由良川ラインがある。海抜九十五メートルの峠を一つ越えるだけで日本海側から太平洋（瀬戸内海）側に出られる道がある。しかもその道のことは、古代人（弥生時代人）もよく知っていた。土器の移動などによってそれは確かめられる。日本海経由の可能性は、普通の古代史家なら、誰も否定できないはずなのである。にもかかわらず、誰もその可能性に気付こうとしない。何故なのだろうか。

論争の火種が消える？

結局現代の古代史家もやはり現代人だということか。日本地図は、南から北を上にして見、太平洋側を「表日本」、日本海側を「裏日本」とみる癖がついてしまっているから、日本海経由など思いもつかないのか。あるいは、私が以前述べたように（『「邪馬台国」と日本人』平凡社新書、二〇〇一年）、邪馬台国論争の裏側には、実は、日本を「アジアの中の日本」（アジア主義）と考えるか、「アジアとは無関係な万邦無比の国日本」（日本主義）と考えるかといった、日本ナショナリズムのあり方をめぐる対立があるから、それに配慮して、あえて論争に決着のつかないようにしているのか。つい勘ぐってみたくなる。

しかし、いずれにしても『魏志』倭人伝の記事通りに行けば、南から東に不弥国から邪馬台国にいたる方位を読み替えるだけで、大和にいたる方法があるのである。ならばそれが最も有力な学説ということになりはしないだろうか。いちばん『魏志』倭人伝の読み方に加える修正の少ない学説であり、そもそも邪馬台国論争の始まるきっかけが『魏志』倭人伝通りに行ったのでは、南を東と読み替えた程度では、大和にいたる方法は見つからないということにあったはずなのだから、この説によって論争のきっかけを取り除くことができる。

ゆえに私は、とりあえず卑弥呼は大和にいたと考えるのである。

卑弥呼の居所選択の基準とは

「六合の中心」の条件を満たすのは……

卑弥呼共立と神武東征

卑弥呼は征服戦争の結果によって王になったのではない。次の『魏志』倭人伝（岩波文庫）の記事にもあるように、倭国大乱に疲れはてた諸国（地域）の王（首長）たちが妥協し、「一女子」を共立した結果、王になったのである。

その国、本また男子を以《もっ》て王となし、住まること七、八十年。倭国乱れ、相攻伐すること歴年、乃《すなわ》ち共に一女子を立てて王となす。名づけて卑弥呼という。鬼道《きどう》に事《つか》え、能《よ》く衆を惑わす。年已《すで》に長大なるも、夫婿なく、男弟あり、佐《たす》けて国を治む。

(『魏志倭人伝』)

その点で、卑弥呼は秦の始皇帝とは違う。武威によって尊ばれ、恐れられる存在としてではなく、協和の中点として、人々の和をとりもつ存在として王となったのである。そこで私が注目しておきたいのは、次の、『日本書紀』(日本古典文学大系)に描かれた、神武《じんむ》天皇の東征目的である。

…正《ただしきみち》を養ひて、此《この》の西の偏《ほとり》を治《しら》す。皇祖皇考《みおや》、乃神乃聖《かみひじり》にして、慶《よろこび》を積み暉《ひかり》を重ねて、多《さは》に年所《とし》を歴たり。天祖《あまつみおや》の降跡《あまくだ》りましてより以《この》逮《かた》、今に一百七十九万二千四百七十余歳。而《しか》るに、遼《とほくはるか》なる地《くに》、猶未だ王沢《みうつくしび》に霑《うるほ》はず。遂に邑《むら》に君有り、村《ふれ》に長《ひとごのかみ》有りて、各自彊《おのおのさかひ》を分ちて、用《も》て相凌《あいしの》ぎ躒《きしろ》はしむ。抑又《はたまた》、塩土老翁《しおつつのをじ》に聞きき。曰ひしく『東《ひがしのかた》に美《よ》き地有り。青山四周《あおやまよもにめぐ》れり。其の中に亦、天磐船《あまのいはふね》に乗りて飛び降《くだ》る者有り』といひき。余謂《われおも》ふに、彼《そ》の地は、必ず以て大業《あまのひつぎ》を恢弘《ひらきの》べて、天下に光宅《みちを》るに足りぬべし。蓋し六合《くに》の中心《もなか》か。厥《そ》の飛び降るといふ者は、是饒速日《にぎはやひ》と謂ふか。何ぞ就《ゆ》きて都つくらざらむ。

（『日本書紀』岩波文庫）

概略は、「私の祖先たちは、この国の西の辺境（日向）にいてこの国を支配してきたが、十分に統治の恩恵を全国に行きわたらせることができず、全国を戦乱の巷に陥らせてしまった。そこで私は『六合の中心』（天地東西南北の中心、ひるがえって国土の地理的中心）である大和の地に出かけて行って都をつくり、そのことを通じてこの国に平和をもたらすつもりだ」となる。戦乱を終わらせるためには「六合の中心」を選んで「都」を建設することが必要だと述べているのである。

ではなぜ神武天皇は東征の目的をこう述べたのか。「六合の中心」とは、国家を構成するすべての地域（国）からの等距離性を象徴化しやすい地である。諸国間の妥協を演出するのに、最も適した地である。多分妥協と協和による国家形成を目指したからであろう。卑弥呼を王に共立したのと同じ動機が、神武東征にも働いていたことが推測できる。

六合の中心はどこだ？

しかも神武天皇と、卑弥呼の間には、強い重なりが見て取れる。同じ「ハツクニシラススメラミコト」という名をもつことから神武天皇はしばしば崇《す》神《じん》天皇と同一視されるが、箸墓の被葬者であるが故に、これまた卑弥呼と同一視されることの多い倭《やまと》迹《と》迹《と》日《ひ》百《もも》襲《そ》姫命《ひめのみこと》は、その崇神天皇の時代の人であった。しかも二人とも王権の「初代」であった。

いずれにしても、卑弥呼共立と神武東征が同じ動機に支えられていたとすれば、協和の中点たる卑弥呼が、もし自らの居場所を求めるとすれば、それ

「神武天皇東征之図」神武天皇と卑弥呼には、国家形成過程においていくつもの共通点がある

はやはり「六合の中心」ということになっただろう。ゆえに彼女は、北九州にではなく、大和にいた可能性が高い。けだし列島社会（「六合」）の地理上の「中心」は、明らかに北九州ではなく、大和（大和盆地南部）だからである。大和は、太平洋側交通のちょうど中間に位置する紀ノ川・吉野川・櫛田川ラインにそっており、同時に日本海側交通と太平洋側交通の連絡路である由良川・加古川ラインに近い。それらは「六合の中心」の条件を満たすことがらであった。ちなみに、紀ノ川・吉野川・櫛田川ラインが列島交通の中心であったことは、のちにこのラ

インが、伊勢神宮《いせじんぐう》、吉野金峯山寺《きんぷせんじ》、高野山金剛峯寺《こんごうぶじ》のならぶ聖なるライン（宗教上の中心線）になることからも、想像できる。やや理屈っぽく考えてみても、卑弥呼の居場所は、大和だといえそうなのである。

しかし、かく大和は「六合の中心」だから、協和の中点たる卑弥呼は大和にいたなどというと、居並ぶ古代史家たちからは必ず手厳しい批判を受ける。そもそも古代人に、大和が「六合の中心」だと判断できるような、列島全体を視野におさめた地理上の知識などあったはずがないではないか、現に『魏志』倭人伝にも「女王国より以北、その戸数・道里は得て略記すべきも、その余の旁国は遠絶にして得て詳かにすべからず」とあり、「女王国」以東（以南）のことは、「絶遠」にしてわからないと書かれているではないかと、彼らはいうに違いない。

しかしはたしてそうだろうか。もしそう思うのなら一度京都と滋賀（大津）の境にそびえる比叡山《ひえいざん》の山頂に登ってみればいい。わずか海抜八〇〇メートルの所から、冬の晴れた日であれば大阪湾から白山までが一望できる。

こうした景観をいくつか重ね合わせていけば、列島全域がたちまち覆いつくせてしまう。古代人に列島規模の地理上の知識がなかったなどとは、とてもいえないように、私には思えるのである。

山の麓

さらには『魏志』倭人伝に次のような記事がある。

①尊卑各々差序あり、相臣服するに足る。租賦を収む、邸閣あり、国国市あり。有無を交易し、大倭をしてこれを監せしむ。

②断髪文身、以て蛟竜の害を避く。今倭の水人、好んで沈没して魚蛤を捕え、文身（入墨）しまた以て大魚・水禽を厭う。後やや以て飾りとなす。諸国の文身各々異り、あるいは左にしあるいは右にし、あるいは大にあるいは小に、尊卑差あり。

三輪山（奈良県桜井市）海民である邪馬台国の人々にとって、高い山などの目印が都には必要だった

「大倭」を邪馬台国ととれば、①から邪馬台国は国々の交易を支配する国であったことがわかる。さらに②から、邪馬台国においては「倭の水人」たちの習慣（文身）が、人の身分表象（出身地と地位を表すシンボル）にまでなっていたことがわかる。

卑弥呼が支配した邪馬台国の基幹をなす人たちは、まさに漁民であり、水上交易の民（海民）だったのである。彼らに列島の地形に関する知識がなかったなどとは、逆に考えにくいのではないだろうか。しかも彼らは、列島の西端（特に伊都国）では、海を渡って、朝鮮半島や大陸の国々と自由に行き来していたのである。その視野は広かったというべきである。古代史家たちの反論は多分あたらない。

そして思うのは、邪馬台国の人々は海民であり交易者であったから、大和の中でも纒向に拠点をおいたのではないだろうかということである。

ではなぜそう思うのか。そこは円錐形をした秀麗三輪山《みわやま》の麓である。海民たちは、広い海原を航海するのに、山容の美しい、ある程度の高さをもった山々を目印として使ったはずである。さほど高くない山であれば、夜、かがり火を焚いたりもしただろう。富士山や白山などは、その目印として使われた山の典型だったと思われる。

だとすれば、彼らが国づくりの拠点を選ぶとすれば、そこはやはりその目印となるような山の麓ということになりはしないだろうか。ちなみに三輪山の麓、箸墓のある所は「大市」と呼ばれ、交易の場にふさわしい名をもつ地であった。

卑弥呼はなぜ女だったのか

「女」に求められた王の条件

倭迹迹日百襲姫命の物語

邪馬台国の女王卑弥呼はなぜ女だったのか。『魏志』倭人伝に「鬼道に事え、能く衆を惑わす」とあることから、彼女は神の声を聞くシャーマンだったから、と答える人が多い。しかしそれははたして本当なのだろうか。そこでまず、卑弥呼と同一視されることの多い倭迹迹日百襲姫命が死に、箸墓に葬られるまでの物語を『日本書紀』の叙述から概観しておこう。

《崇神天皇の五年、国内に疫病が蔓延し、人民の多くが死亡した。翌年には生き残った者も流民化し、謀反をたくらむものさえ現れた。事態を深刻に受け止めた崇神天皇は、朝な夕な天神《てんじん》地祇《ちぎ》を祭り、何とか打開策をみつけようと努力したが、容易にそれを見つけることができなかった。

そこで天皇は自ら「神浅茅原《かむあさぢがはら》」に出向き、「八十万の神を会《つど》へて、卜《うら》問《と》ふ」

という挙に出た。すると倭迹迹日百襲姫命に憑いて現れた神が「天皇、何ぞ国の治らざることを憂ふる。若し能く我を敬ひ祭らば、必ず当に自平《たいら》ぎなむ」と語りかけてきた。天皇は、その語りかけてきた神が「倭国の域《さかひ》の内に所《を》居る神、名を大物主神《おおものぬしのかみ》と為《い》ふ」神であることを確認すると、さっそく大物主神を祭った。しかしその効果は現れなかった。

　そこで今度は、自らが「沐浴斎戒《ゆかはあみものいみ》して、殿《みあらか》の内を潔浄《きよまは》りて」大物主神に尋ねた。「朕、神を礼《ゐやま》ふこと尚未だ尽《ことごと》ならずや。何ぞ享《う》けたまはぬことの甚しき。冀《ねが》はくは亦夢の内に教へて、神恩《かみのうつくしび》を畢《つく》したまへ」と。すると大物主神が、天皇をはじめ何人かの重臣の夢中に現れて「天皇、復な愁《うれ》へましそ。国の治らざるは、是吾が意《こころ》ぞ。若し吾が児大田田根子《おほたたねこ》を以て、吾を令祭《まつ》りたまはば、立《たちどころ》に平ぎなむ。亦海外《わたのほか》の国有りて、自づから帰伏《まうしたが》ひなむ」と、改めて語りかけてきた。

　さっそく天皇は、和泉国「陶邑」から大物主神の子、大田田根子を呼び出し、大田田根子をして大物主神を祭らせることにした。するとどうだろう。効果はてきめん、疫病はたちどころにおさまったのである。さらには古代最大の反乱、埴安王《はにやすおう》の叛乱も、倭迹迹日百襲姫命の予言で、切り抜けることができた。

そしてこの一連の出来事が一段落した後、倭迹迹日百襲姫命が大物主神に嫁いだ。だがそこで事件がおきた。神は夜しか現れず、決してその姿を見せなかったので、姫はある夜、意を決して「君常に昼は見えたまはねば、分明《あきらか》に其の尊顔《みかほ》を視ること得ず。願はくは暫留《しまし》りたまへ。明旦《くるとあした》に、仰ぎて美麗しき威儀《みすがた》を観たてまつらむと欲《おも》ふ」とせがんでみせた。すると神は「言理灼然《ことわりいやちこ》なり。吾明旦に汝が櫛笥《くしげ》に入りて居らむ。願はくは吾が形にな驚きましそ」と応え、翌朝、姫の「櫛笥」の中に「美麗しき小蛇《こをろち》」となって現れた。

しかしそれをみた姫は驚きのあまり、神の戒めも忘れて、つい「叫啼《さけ》」んでしまった。すると神は、恥じて人の形となり「汝、忍びずして吾に羞《はじみ》せつ。吾還りて汝に羞せむ」と言い残して、「大虚《おほぞら》を践《ほ》みて、御諸山に登」っていってしまった。

姫は自らの行いを悔い、箸で自らの「陰《ほと》」ついて死んだ。するとどうだろ

倭迹迹日百襲姫命が葬られた箸墓古墳

う、人民は悲しみのあまり、「相踵《あひつ》ぎて、手逓伝《たごし》にして」「大坂山の石」を、奈良盆地を横切って運び、大市というところに姫の墓をつくり始めたのである。結局夜になると神もそれを手伝うはめになり、墓は完成した。人はそれを、姫の死に方にちなんで、箸墓と呼んだ。》

これがその物語である。倭迹迹日百襲姫命はシャーマンとして優れていたから、死して後箸墓に葬られたのではない。逆である。神の声をきく能力を徐々に失い、最後は、夫である神（大物主神）の忠告さえきけなくなったから、それを恥じて死に、その結果、箸墓に葬られたのである。

女を王にする理由

倭迹迹日百襲姫命が伝えた神の言葉によっては、疫病は退治されなかった。崇神天皇が夢枕にたった大物主神から直接聞いた言葉によって、疫病は退治されたのである。そして、卑弥呼も死後「大冢」（大きな墓）に葬られたとあるが、彼女もまた、神の声を聞く霊力を失ったからこそ、「大冢《ちょう》」に葬られた可能性は高い。

ではそう考えた方がいい理由は何だろう。そこでもう一度卑弥呼がなぜ王に選ばれたかを振り返ってみてほしい。彼女は、三十余国の妥協＝協和の中心となるふさわしい人物だったから王に選ばれたのである。ならば、彼女には彼女を選んだ王たちを超越することはできなかったはずである。国家連合（封建国家）の王に、その基盤となる一つ一つの国家（領封）の王を超越することはできない。選ばれた者が選んだ者を超えることはできないからである。

『女王卑弥呼』（栄永大治良画／大阪府立弥生文化博物館提供）

一例をあげておくと、江戸時代、徳川将軍は事実上の国王であった。しかしその配下にあった他の諸大名（例えば伊達氏や前田氏）を質的に超えることはできなかった。規模の大小はあっても、同じ一大名にとどまったのである。徳川氏は八〇〇万石を支配し、加賀前田氏は一〇〇万石を支配しただけであった。

だから卑弥呼は、自らを王に選んだ三十余国の王を超越することはできなかったのである。共立されて王になることはできても、天の名においてとか、神の名において王になることはできなかったのである。だから、よしんば元シャーマンではあっても、神の声を聞くシャーマンのまま王になることはできなかったはずなのである。

卑弥呼がシャーマンとして王であったのではなく、他の男の王たちと同様、人として王であったことについては、すでに義江明子氏が『つくられた卑弥呼―〈女〉の創出と国家』（ちくま新書、二〇〇五年）で見事に証明しているところである。

　では、改めて問うが、なぜ卑弥呼は女だったのか。偶然か。いや偶然ではない。『魏志』倭人伝の卑弥呼の死後のことに関する「卑弥呼以て死す。大いに冢《ちょう》を作る。……更に男王を立てしも、国中服せず。更々《こもごも》相誅殺し、当時千余人を殺す。また卑弥呼の宗女壱与年十三なるを立てて王となし、国中遂に定まる」との記事を読めば、それはわかる。王が女ならばたとえ十三歳の子供であっても国は治まり、男ならば治まらなかったというのである。卑弥呼は、その優れた個人的資質によって王になったのではない。女だったから王になったのである。ではそれはなぜか。考えられる答えは一つしかない。

　今も述べたように協和の中心たる王は、神や天の名において他の王たちから自らを区別するわけにはいかないのである。といって、自己と他の王たちを区別しないわけにもいかない。何せ全体の王なのだから。ではどうすれば、同じ人にとどまりながら、その区別をたてることができるのか。結局性差を使うしかなかったのである。だから卑弥呼は女だったのである。シャーマン説が成り立たないとしたら考えうる答えは、これしかないのである。

なお付言しておくと、卑弥呼が仕えた「鬼道」の「鬼」とは、普通は祖先の霊ことであって、神のことではない。「鬼道」に仕えた彼女が元シャーマンであったかどうかも、実は疑わしいのである。

箸墓は卑弥呼の墓か

前方後円墳の形が語るもの

前方後円墳発生の謎

考古学者広瀬和雄氏は、前方後円墳の発生の仕方について、次のように述べている。

第二の論点は、前方後円墳が各地でほぼいっせいに出現したことです。……疎密の度合いはあるけれども、前方後円墳や前方後方墳は三世紀中ごろ、もしくは後半ごろからすでに、日本列島のひろい地域で造営されていたのです。「畿内で発生した前方後円墳は同心円状に各地に拡大していく」、「前方後円墳は西日本で成立してから東国などに伝播していく」などの通説が、これまで流布されてきました。しかし、大和・柳本古墳群の箸墓古墳や中山大塚山古墳などの前方後円墳、下池山古墳などの前方後方墳と同時期に、各地で前方後円墳や前方後方墳が数多くつくられている事実とは、明らかに矛盾します。それらはいわば同時多発的に出現しているのです。さらに重要なのは、大和・柳本古墳群に巨大前方後円墳や大型のものが集中したように、中央―地方の関係も当初からあったという事実です。

（『前方後円墳の世界』岩波新書、二〇一〇年）

三世紀半ば以降数百年にわたってこの国の権力の象徴であった前方後円墳は、全国一斉に同時多発的に発生し、しかも最初から中央―地方の関係をともなっていた。すなわち大和盆地（中央）において相対的に大きな前方後円墳がつくられる構造をともなっていた。「畿内で発生した前方後円墳は同心円状に各地に拡大していく」とか、「前方後円墳は西日本で成立してから東国などに伝播していく」とかといった通説的説明では絶対に説明のできない発生の仕方をしていた、とこう述べている。

ではこの発生の仕方を合理的に説明する方法はあるのだろうか。一つだけある。全国いたる所の王（首長）たちが、突如お互いに相争うことをやめ、妥協＝協和によって一つの国家を形成したと考えることである。そう考えれば、各地の王が一斉に同じような墳墓をつくり始めたとしてもおかしくないし、同時に、中央において、同形のより大きな墳墓が、全体の王のためにつくられたとしてもおかしくないからである。

墓の生まれ方・国の生まれ方

だから前方後円墳の生まれ方は、逆に、この国の生まれ方が、妥協＝協和による国家連合、封建国家の形成であったことを示してくれているようなのである。となれば、それはすでに述べた、邪馬台国（女王国）の生まれ方と同じであった。国家の形成のされ方からいっても、邪馬台国と、広瀬氏のいう「前方後円墳国家」、すなわち大和王権とは一致する。邪馬台国が大和にあった可能性は、ますます高まるのである。

そして邪馬台国と「前方後円墳国家」がイコールで結べるのであれば、当然その中央に位置する大和・柳本古墳群に並ぶ巨大前方後円墳の数々は、邪馬台国の王たちの墓ということになる。とりわけ最古の巨大前方後円墳箸墓は、初代の王卑弥呼の墓ということになるのである。『日本書紀』においても、箸墓が、倭迹迹日百襲姫命という名の女性の墓としてイメージされているのは、そのことを裏付けていそうなのである。

前方後円墳の形

では、箸墓が卑弥呼の墓であるとして、なぜそれは巨大前方後円墳としてつくられたのだろうか。そこでもう一度顧みておきたいのは、卑弥呼は妥協の中点として選ばれた王であって、超越的な専制君主として生み出された王ではなかったという点である。卑弥呼はのちの天皇のように、天や神の名においてほかの王たちから自らを区別するわけにはいかなかった。他の王たちと同じ人の範囲にとどまりながら、それでいて他の王たちと自らを区別する必要があった。だから女でなくてはならなかったことについては、先に述べた。しかし女であることよりも、もっと明確に他の王たちと自らを区別する方法があった。それは死者になることであった。死者もまた人のあり様のうちだからであった。そこで注目すべきは、邪馬台国には人身御供《ひとみごくう》の習慣があったということである。

その行来・渡海・中国に詣るには、恒に一人をして頭を梳《くしけず》らず、蟣蝨《きしつ》(のみ・しらみ)を去らず、衣服垢汚、肉を食わず、婦人を近づけず、喪人《そうじん》の如くせしむ。これを名づけて持衰《じさい》と為す。もし行く者吉善なれば、共にその生口・財物を顧し、もし疾病あり、暴害に遭えば、便《すなわ》ちこれを殺さんと欲す。その持衰謹まずといえばなり。

（『魏志』倭人伝）

ここで書かれる「持衰」というのが人身御供である。人身御供は、リーダーとして役に立たなかったときも殺されるが、役に立ちすぎたときも殺される。その言説（行動）にほぼ絶対的な規範力を与えるためには、殺して死者にし、その偉大さを増幅させるのがいいからである。

死せる者は生ける者よりも偉大になれる。卑弥呼が人にとどまりながら、他の王たちを超えるためには、女であることをさらに超えて、この死者になるという方法があった。そしてその方法を、卑弥呼は実際にとったのだと思われる。だから彼女は、死んだとき、ただ死ななかった。死後の肉体として「大冢《ちょう》」をつくらせて死んだ。倭迹迹日百襲姫命にしても、自ら死を選び、死後人々に箸墓をつくらせた。死してなお、死者として国家の頂点に君臨し続けるためには、その存在を可視化させるための肉体が必要だったからである。

だとすれば、推論のレベルを出ないが、こうなるだろう。箸墓に始まる前

卑弥呼像（大阪府立弥生文化博物館提供）と箸墓古墳　前方後円墳の形は卑弥呼自身の姿を模したものなのだろうか

方後円墳は、死せる王が、死者としてこの世に君臨し続けるための、死後の肉体であった。だからそれは前方後円型をしていたのである。あの形は人型だったのである。箸墓が、同じ前方後円墳でも、後方部が末広がりになるバチ型をしていたのは、それが女王卑弥呼の肉体だったからである。上の二葉の写真は相似形をなしていたのである（小路田泰直編『死の機能―前方後円墳とは何か』岩田書院、二〇一〇年）。

そして付け加えておくと、エジプトのピラミッドもまた、正午太陽が南中したときに北（正面）からみれば、前方後円墳同様、人型をしていた。古代の巨大造営物は王の偉大さの表現媒体としてこそ重要だったのである。

卑弥呼は神功皇后だったのか

二人の歴史的段階差

神功皇后の功績

さて、それでは卑弥呼とはいったい誰だったのか。『日本書紀』によれば神功皇后《じんぐうこうごう》ということになっているが、それははたして正しいのだろうか。そこでとりあえず、『日本書紀』にもとづいて、もしかしたら卑弥呼のことかもしれない神功皇后の行ったことを概観しておくと、次のようになる。

《政府の中心を敦賀に残して、南海道を巡遊していた神功皇后の夫仲哀《ちゅうあい》天皇は、たまたま起きた熊襲《くまそ》の反乱を好機と捉え、熊襲《くまそ》討伐に臨んだ。しかしその時、どこからともなく現れた神が、天皇に「天皇、何ぞ熊襲の服《まつろ》はざることを憂へたまふ。是、膂宍《そしし》の空国《むなしくに》（あれてやせた不毛の国・筆者注）ぞ。豈、兵を挙げて伐つに足らむや。茲の国に愈《まさ》りて宝有る国・・・津に向へる国有り。眼炎《まかかや》く金・銀・彩色、多《さは》に其の国に在り。是を栲衾新羅国《たくぶすましらきのくに》と謂ふ。若し能く吾を祭りたまはば、曾て刃に血ぬらずして、其の国必ず自づから服《したが》ひなむ。復、熊襲も為服《まつろ》ひなむ。」と語りかけてきた。熊襲討伐など早々に切り上げて、黄金の国新羅を攻めよ。そうすれば熊襲など、戦わずして帰順してくるだろうというのである。

しかし仲哀天皇は、その神の言葉に疑念をいだき、従わなかった。結果、神の怒りに触れて、病を得て死んでしまった。そこでその一部始終をみていた神功皇后は、再び夫の悲劇を繰り返さないために「祟《たた》る所の神を知りて、財宝《たから》の国を求めむと欲す」と、神の命令に従うことを決意した。そして自らに命ずる神が、「伊勢国五十鈴宮の神」（天照大神）・「淡郡に居る神」（イザナギの神）・「厳之事代神」・「表筒男・中筒男・底筒男の神」（住吉の神）たちであることを確認した上で、全軍に次のように命じ、新羅に侵攻した。

財を貧り多欲《ものほしみ》して、私を懐《おも》ひて内顧みれば、必に敵の為に虜《と》られなむ。其れ敵少くともな軽《あなづ》りそ。敵強くともな屈《お》ぢそ。則ち姦《をか》し暴《いの》がむをばな聴《ゆる》しそ。自ら服《まつろ》はむをばな殺しそ。遂に戦に勝たば必ず賞有らむ。背《に》げ走らば自づから罪有らむ。

「財」と「賞」をもって戦意を鼓舞したのである。戦争が正義のための戦争ではなく、利益のための戦争であることを宣言した上で、攻め入ったのである。そして神々の加護をえて戦いに勝ち、莫大な金銀財宝を得て九州に帰還した。

ただ戦いはそれで終わらなかった。神功皇后が九州に滞陣している間に、神功皇后が九州帰還後に生んだ応神天皇に皇位を奪われることを怖れた忍熊王が、畿内で反乱をおこした。さっそく神功皇后は、新羅遠征で活躍した精鋭を率いて畿内にとってかえした。しかしそのとき奇妙なことがおきた。大阪湾に入るやいなや「皇后の船、海中を廻りて、進むこと能はず」という状態に陥ってしまったのである。

そこで、やむをえず神功皇后は務古水門《むこのみなと》（兵庫）に上陸し、海の静まるのを待っていると、玄界灘を押し渡るときに水先案内人の役割をはたしてくれた神々が次々とあらわれて、自らの魂を務古水門の周辺に祭り、おいていけと述べ始めたのである。天照大神は「我が荒魂をば、皇后に近《ちかづ》くべからず。当に御心を広田国に居らしむべし」と述べ、稚日女尊《わかひるめのみこと》は「吾は活田長峡国《いくたながさ》に居らむとす」と述べ、事代主尊は「吾をば御心の長田国《ながた》に祠《まつ》れ」と述べ、表《うは》筒男《つつのを》・中筒男・底筒男の三神は「吾が和魂《にぎみたま》をば大津の渟名倉《ぬなくら》の長峡に居ましむべし。便ち因りて往来《ゆきか》ふ船を看《みそのなは》さむ」と述べた。新羅遠征を勝利に導いた、自らの荒々しい魂を身につけたまま、神功皇后が大和に入ることを戒めたのである。

さっそく神功皇后は、神々に指示されるままに、天照大神を広田神社（西宮市）に、稚日女尊を生田神社（神戸市中央区）に、事代主尊を長田神社（神戸市長田区）に、表筒男・中筒男・底筒男の三神を住吉神社（神戸市東灘区、もしくは大阪市住吉区にある住吉大社）に祭り、神々の「魂」を鎮めた。するとどうだろう、海はたちまちおだやかになり、神功皇后は無事大阪湾横断に成功した。

そしてその後、武内宿禰ひきいる大軍を派遣して、奇策を用いて忍熊王を滅ぼすことにも成功した。以後長期にわたり摂政として政治を掌り、息子応神天皇以降の統治の礎を築いた。》

神功皇后＝卑弥呼？

ではこの神功皇后の行ったこととは何か。それは「外」と戦うことによって、「内」の共同利益をつくりだし、そのことによって国内協和の回復――直接的には熊襲との妥協――をはかるということであった。そしてさらには、自らの息子の摂政を長く務めることによって、王権の男系世襲の基礎を築くということであった。「卑弥呼以て死す。……更に男王を立てしも、国中服せず。……また卑弥呼の宗女壱与年十三なるを立てて王となし、国中遂に定まる。」かかることが当たり前の社会を前提にすれば、そうするしか、男系で世襲される王権をつくり上げる方法はなかったからである。

ならば卑弥呼と神功皇后とはやはり違う。卑弥呼が行ったのは、自ら推されて協和の中点に立ち、諸国、諸地域の妥協を、「外」を媒介にするのではなく、自らを媒介に実現することであった。「内」を「内」として形成することであった。しかも彼女は死者として「男王」を守護し、安定した世襲王権をつくろうとして失敗している。卑弥呼と神功皇后の行ったことには、やはり段階差があったのである。

そう思う理由は二つある。一つは、卑弥呼による「内」の「内」としての形成を前提にしなければ、神功皇后による「外」を媒介にした「内」の利益共同体化はありえないからである。あらかじめ「内」と「外」の区別がないところに神功皇后のやり方は通用しない。

そして今一つは、卑弥呼の世襲王権づくりの失敗に学ぶことなしに、神功皇后による、長期摂政就任戦略は生まれなかっただろうからである。応神天皇が成人に達してなお母神功皇后が長く摂政を続けることの異様さは、神功皇后が何か極度の焦慮感にかられていたことを前提にしなければ説明できないが、その焦慮感の原因は、おそらく卑弥呼の失敗だったのだろう。故にやはり卑弥呼と神功皇后は別人だったのである。むしろ神功皇后は『魏志』倭人伝上は、あえて比定するとすれば、壱与《いよ》に比定されるべきだったのかもしれない。

では、最後にもう一度問うが、卑弥呼とは誰だったのか。結局私は、常識通り、倭迹迹日百襲姫命ではなかったのかと思う。しかも彼女は、『日本書紀』の記載とは異なり、王であった。『古事記』(日本思想大系)序文において、崇神天皇に「賢き后」と「后」の語があてられているのが、その何よりの証拠ではないかと、密かに思っている。当然確証はないが。ただ日本思想大系版の『古事記』が「后」を「きみ」と読み、「原義は帝王。後に皇后をも言う」とわざわざ頭注を付けているのには、多少の違和感を覚える。何か無理をしているように感じるのである。

邪馬台国ブームをつくった男たち
4

木村鷹太郎
"一発大逆転"のエジプト説

史上最大の珍説

邪馬台国所在地論争において、もっとも奇妙奇天烈《きみょうきてれつ》な仮説といえば、戦前に木村鷹太郎《きむらたかたろう》が唱えた邪馬台国＝エジプト説だろう。ジャワ、スマトラ説（内田吟風）やフィリピン説（加瀬禎子）でも頭がクラクラするのに、エジプト説となるとさらにその上を行く珍説。常識的には問題外の見解である。

けれど、提唱した本人は大真面目だった。しかも、畿内説や北九州説を批判したスタート地点ではそれなりの合理性があった。

白鳥・内藤説の批判

イギリスの詩人バイロンの紹介や『プラトン全集』の翻訳などで知られていた哲学者兼翻訳家の木村鷹太郎が、読売新聞に「東西両大学及び修史局の考証を駁《ばく》す─倭女王卑弥呼地理に就《つい》て」という題の奇妙な論文を寄せたのは明治四十三年（一九一〇）七月だった。

この年は、いわゆる邪馬台国論争の発端の年だった。東京帝国大学教授の白鳥庫吉《しらとりくらきち》が「倭女王卑弥呼考」（〈東亜之光〉六・七月号）を発表して邪馬台国＝九州説を主張し、これに対し京都帝国大学教授の内藤虎次郎が「卑弥呼考」（〈芸文〉五～七月号）において邪馬台国＝畿内説を唱え、互いに譲らなかった。

白鳥庫吉

内藤虎次郎（湖南）

原史料の『魏志』倭人伝は、記された文章を素直に読むと、邪馬台国が九州を通過してはるか太平洋上に行ってしまう。したがって畿内説では、不弥《ふみ》国以降の方角である「南」を「東」と読み替えた。一方の九州説も、邪馬台国を九州内に留め置くために、投馬《つま》国以降の行程「陸行一月」を「一日」の間違いとした。

木村はこうした意図的な原文読み替えに真っこうから異議を唱えた。白鳥・内藤両氏とも都合のいいように史料を改竄《かいざん》しており、「牽強附会にて、何等《なんら》学術的考証を称するに足らず」、と断罪したのである。

木村によれば、両氏は帯方郡や狗邪韓《くやかん》国

を朝鮮半島内の土地としているが、根拠はない。「瀚海《かんかい》」も両氏の考えているような対馬海峡ではない。また末盧《まつろ》国を肥前松浦に比定しているが、マツロとマツラの発音は違う。伊都国を筑前糸郡としているが、糸郡は松浦の「東北」にあり、「倭人伝」の記すような末盧国の「東南」ではない、等々。

なぜエジプトなのか？

木村が、白鳥・内藤の原文読み替えを史料改竄と批判したことは、一理ある。マツロとマツラの発音の違いや、末盧国の「東南」に伊都国があるべき、という指摘も正しい。だが、帯方郡・狗邪韓国が朝鮮半島にない、あるいは、瀚海（大海の意味）が対馬海峡ではない、というのはどういうことか？

木村は続けて主張する。「然《しか》り卑弥呼地理は日本を謂《い》へるものなりと雖《いえど》も『極東日本』の地理を謂へるものに非《あら》ず」つまり、邪馬台国は、日本であって日本にはないのだ、と。

そもそも『魏志』のなかの「倭人伝」は、「西方より植民し来れる支那人中、西方歴史地理を携へ来りて、東洋に於《お》いて編纂」したもので、それが『魏志』に混入したものだという。

「倭人伝中の倭女王国（＝邪馬台国）とはこれ吾人日本人が太古欧亜の中央部たる埃及（エジプト）に居を占め、伊太利（イタリア、＝新羅）、希臘（ギリシャ、＝筑紫）、亜拉比亜（アラビア、＝伊勢）、波斯（ペルシャ）、印度（インド）、暹羅《シャム》（タイ）等は吾版図《はんと》たりし時代を謂へるものなり」

ここで木村の突拍子もない基本認識が露呈されるのだが、要するに、「倭人伝」の記事は、日本近辺の地理を示すのではなく、日本民族がエジプトに居を定め、地中海地域を広く制覇していた時代（？）を述べたもの、というのだ。その記録を携えて西方から移民してきた中国人が、東洋で編纂して、それが『魏志』のなかに混入されたもの、と説く。

その木村説によると、出発地の帯方郡とは古代ケルトの国である。ケルトは「帯」を意味するギリシャ語のケレトが語源で、ケルトとは古代のドイツ、フランス方面の呼称。旅行者は現在のヴェネチア付近から出発した。

そこから、韓国（イタリア北部のガラ）や狗邪韓国（イタリア南東部のカラブリア、カラブリアは「化粧」の意で、そのギリシャ語はクジォ、つまり狗邪）を経て、瀚海（ギリシャ西岸のアンブラキア湾）を渡る……。

こうして、伊都国をギリシャのマンチネヤ、投馬国をクレタ島に比定すれば、方角の問題も、「水行十日陸行一月」の問題も、何一つ読み替えることなく、邪馬台国の位置は明々白々となる！　すなわち、クレタ島から南下して東へ陸行したエジプトのスエズ付近だ！

まさに驚くべき結論である。いったいなぜこのような発想が可能となったのか？

歴史家を翻弄する甘い誘惑

木村は明治三年（一八七〇）に愛媛県宇和島に生まれた。神童の誉れ高い秀才だったが、論争好きで、舌鋒の激しさで有名だった。

上京して明治学院に入学、同級生に島崎藤村がいる。成績優秀で特に語学は抜群だったが、傲慢さが災いして退校となり、帝国大学歴史科に入学、後に哲学科に移った。

『プラトン全集』の訳出中、ギリシャと日本の神話の類似（オルフェウスの冥府《めいふ》行きとイザナギの黄泉国《よみのくに》行き）や言語の類似（声《こえ》＝ゴエ、女《おみな》＝ヲミナ、靴《くつ》＝クッスなど）に気づいた木村は、当時の西洋崇拝に流れる若者たちへの反感から日本主義に傾倒、「日本民族の太古史は実に世界の太古史たり」と提唱するようになった。時空間を無視した奇怪至極な学説（？）へと暴走を始めたのだ。

『偽史冒険世界―カルト本の百年』で木村を取り上げ、「〝空想史学〟の大家」と呼んだ長山靖生は記す。「自分は辺境的存在にすぎないというコンプレックスが、終生、彼を苦しめた」「日本民族史を世界（特に環地中海・オリエント系）の神話と同一化することで、自分と日本の歴史的優位性を主張しようという〈欲望の歴史学〉だった」、と解読する。
「現実の世界」と「こうあってほしい歴史」を混同し、いつしか架空の歴史を作ってしまった木村鷹太郎。歴史学界は木村を黙殺したが、実際のところ、歴史家というものは大なり小なり、研究途上で「歴史の捏造」という誘惑を感じるものなのかもしれない。

（足立倫行）

【執筆者略歴】

森　浩一（もり・こういち）

1928年生まれ。大阪府出身。考古学者。著書『森浩一の考古学人生』、『倭人伝を読みなおす』、『萬葉集に歴史を読む』他。

田中俊明（たなか・としあき）

1952年生まれ、福井県出身。滋賀県立大学教授。著書『大加耶連盟の興亡と「任那」』、『古代の日本と加耶』、共編著『高句麗の歴史と遺跡』他。

足立倫行（あだち・のりゆき）

1948年生まれ、鳥取県出身。ノンフィクション作家。著書『激変！日本古代史』、『妖怪と歩く ドキュメント・水木しげる』、『悪党の金言』他。

西本昌弘（にしもと・まさひろ）

1955年生まれ、大阪府出身。関西大学教授。著書『日本古代儀礼成立史の研究』、『日本古代の王宮と儀礼』、編著『新撰年中行事』他。

高島忠平（たかしま・ちゅうへい）

1939年生まれ、福岡県出身。考古学者。著書『縄文の宇宙・弥生の世界』、分担執筆『邪馬台国時代のツクシとヤマト』他。

岩田一平（いわた・いっぺい）
1957年生まれ、東京都出身。歴史作家。著書『珍説・奇説の邪馬台国』、『縄文人は飲んべえだった』、『遺跡を楽しもう』、他。

山岸良二（やまぎし・りょうじ）
1951年生まれ、東京都出身。考古学研究者。著書『科学はこうして古代を解き明かす』、『考古学のわかる本』、『古代史の謎はどこまで解けたのか』他。

森　公章（もり・きみゆき）
1958年生まれ、岡山県出身。東洋大学教授。著書『倭の五王』、『東アジアの動乱と倭国』、『遣唐使の光芒』他。

千田　稔（せんだ・みのる）
1942年生まれ、奈良県出身。歴史地理学・歴史文化論学者。著書『平城京遷都』、『こまやかな文明・日本』、共著『飛鳥の覇者―推古朝と斉明朝の時代』他。

小路田泰直（こじた・やすなお）
1954年生まれ、兵庫県出身。近代史研究者。著書『日本史の思想』、『「邪馬台国」と日本人』、『国家の語り方』他。

本書は、『歴史読本』特集「ここまでわかった！ 邪馬台国」
（2011年4月号）を再編集したものです。

新人物文庫

ここまでわかった！ 邪馬台国

2011年6月14日　第1刷発行
2011年6月30日　第2刷発行

編　者　『歴史読本』編集部

発行者　杉本　惇

発行所　株式会社　新人物往来社
〒102-0083
東京都千代田区麹町3-2　相互麹町第一ビル
電話　営業　03(3221)6031　振替　00130-4-718083
　　　編集　03(3221)6032
URL　http://www.jinbutsu.jp
乱丁・落丁本は、お取替え致します。　ISBN 978-4-404-04023-7 C0121

DTP／マッドハウス　印刷・製本／中央精版印刷　Printed in Japan